Robert Otto

Expansion der EU – Chancen / Risiken

Auswertung potentieller Beitrittskandidaten
am Beispiel Island, Kroatien,
Montenegro, Mazedonien, Türkei

Diplomica Verlag GmbH

Otto, Robert: Expansion der EU – Chancen / Risiken: Auswertung potentieller Beitrittskandidaten am Beispiel Island, Kroatien, Montenegro, Mazedonien, Türkei. Hamburg, Diplomica Verlag GmbH 2013

Buch-ISBN: 978-3-8428-9427-3
PDF-eBook-ISBN: 978-3-8428-4427-8
Druck/Herstellung: Diplomica® Verlag GmbH, Hamburg, 2013

Bibliografische Information der Deutschen Nationalbibliothek:
Die Deutsche Nationalbibliothek verzeichnet diese Publikation in der Deutschen Nationalbibliografie; detaillierte bibliografische Daten sind im Internet über http://dnb.d-nb.de abrufbar.

© Diplomica Verlag GmbH
Hermannstal 119k, 22119 Hamburg
http://www.diplomica-verlag.de, Hamburg 2013
Printed in Germany

Inhalt

Abkürzungsverzeichnis

ADI	Ausländische Direktinvestition
BIP	Bruttoinlandsprodukt
CARDS	Community Assistance for Reconstruction, Democracy and Stabilisation
CEFTA	Central European Free Trade Agreement
CEI	Central European Initiative
EFTA	European Free Trade Association
EG	Europäische Gemeinschaft
EGKS	Europäische Gemeinschaft für Kohle und Stahl
EU	Europäische Union
EURATOM	Europäische Atomgemeinschaft
EWG	Europäische Wirtschaftsgemeinschaft
EWR	Europäischer Wirtschaftsraum
FUEV	Föderalistische Union Europäischer Volksgruppen
GAP	Gemeinsame Agrarpolitik
GASP	Gemeinsame Außen- und Sicherheitspolitik
GFP	Gemeinsame Fischereipolitik
IStGHJ	Internationaler Strafgerichtshof
IWF	Internationaler Währungsfonds
KKS	Kaufkraftstandard
LGB	Links-Grüne Bewegung

MAP	Membership Action Plan
NATO	North Atlantic Treaty Organization
PHARE	Polish Hungarian Assistance for Recovery Economies
PSEECP	South-East European Cooperation Process
RKR	Regionaler Kooperationsrat
SAP	Stabilisierungs- und Assoziierungsprozess
SDA	Sozialdemokratische Allianz
SECI	Southeast European Cooperative Initiative
UN	United Nations
USKOK	Ured za Suzbijanje Korupcije i Organiziranog Kriminaliteta
WUW	Wirtschafts- und Währungsunion

Abbildungsverzeichnis

Tabellenverzeichnis

1. Einleitung

Seit dem Ende des Zweiten Weltkrieges verfolgen die westeuropäischen Länder ein wichtiges Ziel – die Schaffung eines einheitlichen Europas, das auf Frieden, Freiheit, Demokratie, Rechtsstaatlichkeit, Toleranz und Souveränität aufbaut.

Ein einheitlicher Markt sollte Handelshemmnisse abbauen und international konkurrenzfähiger werden.

Seit der Gründung der Europäischen Gemeinschaft für Kohle und Stahl (EGKS) im Jahr 1951 mit sechs Staaten entwickelte sich dieses Vorhaben zur heutigen Europäischen Union mit insgesamt 27 Staaten.

Mit dem Fall des Eisernen Vorhangs 1989 begannen auch die osteuropäischen Staaten, sich von ihrer sozialistischen Planwirtschaft ab- und den westlichen Marktstrukturen zuzuwenden. Somit folgte 2004 die Osterweiterung der EU.[1]

Seitdem die Folgen der Balkankriege überwunden sind, melden die südosteuropäischen Staaten Mazedonien, Montenegro, Kroatien und die Türkei ebenfalls Interesse an einer Mitgliedschaft an. Ebenso wie die vorangegangen osteuropäischen Staaten erhoffen sie sich mehr Wohlstand, Arbeit und Freiheit in der europäischen Gemeinschaft. Zugleich wurde ihnen der Beweis geliefert, dass die Reformen, die der Erfüllung der politischen und wirtschaftlichen Kriterien zum EU-Beitritt dienen, realisierbar sind.

Die Europäische Union bietet mit ihren Förder- und Entwicklungsfonds auch einen finanziellen Anreiz. Hinzu kommt, dass die Einführung des Euro mit einer Mitgliedschaft einhergeht. Somit richtet sich die Innenpolitik auf schnelleres Wirtschaftswachstum und einen schnellen Aufholprozess zur Angleichung an die westlichen EU-Mitglieder aus.

Ihre Beitrittsanträge haben die vier genannten Länder bereits eingereicht. Kroatien steht seit 2005 in Verhandlungen mit der EU. Mazedonien und Montenegro sind seit 2005 bzw. 2010 offizielle Kandidaten. Ihre Beitrittsverhandlungen wurden allerdings noch nicht eröffnet.[2]

Eine Ausnahme bildet die Türkei. Sie ist bereits ein langjähriger Partner der Europäischen Union. 1987 stellte sie den Antrag auf Mitgliedschaft in der Europäischen Wirt-

---

[1] Vgl. Europäische Union: Die Geschichte der Europäischen Union von 1945 bis heute, auf: http://europa.eu/about-eu/eu-history/index_de.htm (abgerufen am 10.01.2012)
[2] Vgl. Außenwirtschaftsportal Bayern: EU-Erweiterung: Die Beitrittskandidaten und ihre Potenziale, auf http://www.auwi-bayern.de/awp/inhalte/Aktuelle-Meldungen/2012/EU-Erweiterung-Die-Beitrittskandidaten-und-ihre-Potenziale.html (abgerufen am 10.01.2012)

schaftsgemeinschaft. Seit 1999 ist sie offizieller Kandidat für die Mitgliedschaft in der EU. Die Beitrittsverhandlungen dauern aufgrund fehlender Bereitschaft zur Erfüllung und Umsetzung von Vorgaben an. Ein Ende ist nicht in Sicht.

Ein weiterer potentieller Anwärter auf eine Mitgliedschaft ist Island, ein seit Jahrzehnten eigenständiger und wirtschaftlich sehr gut positionierter Staat im Norden Europas. Seit 1970 bestehen zahlreiche Abkommen und Verträge mit der Europäischen Gemeinschaft. Aufgrund der geographischen Lage und der langjährigen Beziehungen ist Island dementsprechend Teil des europäischen Marktes. Der Beitrittsantrag Islands wurde 2009 gestellt.

Die folgende Untersuchung setzt sich mit diesen fünf Ländern auseinander. Sie alle haben bestimmte Erwartungen und sehen bessere Chancen durch eine Mitgliedschaft. Mit der Aufgabe ihrer Souveränität können aber auch Nachteile entstehen. Wichtigster Teil dieses Buches ist es, diese Chancen und Risiken im Allgemeinen, aber auch differenziert herauszuarbeiten und folgende Fragen zu beantworten:

Welche wirtschaftlichen Chancen und Risiken kann ein hochentwickeltes westeuropäisches Land wie Island noch erwarten? Was könnte der EU-Beitritt für die Balkanstaaten Kroatien, Mazedonien, Montenegro und für die Türkei bewirken? Ist ein EU-Beitritt erstrebenswert?

1.1 Ziel und Aufbau des Buches

Die Aufgabe des vorliegenden Buches besteht darin, diese wirtschaftlichen Chancen und Risiken der Beitrittsländer Island, Kroatien, Montenegro, Mazedonien und Türkei zu erarbeiten und auszuwerten, um damit eine Einschätzung zu geben, ob ein Beitritt zur EU aus Sicht der Länder erstrebenswert ist.

Der erste Teil der Untersuchung setzt sich mit der Europäischen Union auseinander und soll als Einstieg in die Thematik dienen. Dabei wird näher auf die Geschichte der EU, ihre Mitgliedstaaten, Ziele und den Beitrittsprozess eingegangen.

Im nächsten Schritt folgt die ausführliche Betrachtung der genannten Beitrittskandidaten Island, Kroatien, Türkei, Mazedonien und Montenegro, deren Staatsaufbau, der innen- und außenpolitischen Ziele sowie der Beziehung zur EU, um einen Bezug zwischen Europäischer Union und den Beitrittskandidaten zu liefern. Der darauffolgende

Teil beschäftigt sich eingehend mit den Wirtschaftsstrukturen und der wirtschaftlichen Entwicklung der Beitrittskandidaten zwischen 2008 und 2010, um so wirtschaftliche Stärken oder Schwächen zu erkennen. Im Anschluss erfolgt die Zusammenfassung der von der EU-Kommission erstellten, aktuellen Fortschrittsberichte der jeweiligen Länder. Dies soll aufzeigen, welche innerstaatlichen Probleme die Länder aufweisen und bis zu einem EU-Beitritt zu bewältigen haben.

Aufbauend auf diesen Ergebnissen folgt der wichtigste Teil des Buches. Mithilfe der vorangegangenen Länderbetrachtung werden allgemeine und länderspezifische Chancen und Risiken gewonnen und in einer Chancen-Risiko-Analyse dargestellt.

Im abschließenden Teil des Buches erfolgt eine Bewertung, ob und warum ein EU-Beitritt für den jeweiligen Beitrittskandidaten erstrebenswert ist.

2. Die Europäische Union

2.1 Die Geschichte der EU

1945 bis 1951

Mit der Beendigung des Zweiten Weltkrieges und der Spaltung Europas gründen die westeuropäischen Staaten 1949 den Europarat. Der französische Außenminister Robert Schuman stellt am 9. Mai 1950 einen Plan vor, der die deutsche und französische Kohle- und Stahlproduktion einer gemeinsamen Behörde unterstellen soll. Vier weitere Länder schließen sich dem an und so gründen Deutschland, die Niederlande, Frankreich, Belgien, Luxemburg und Italien 1951 die „Europäische Gemeinschaft für Kohle und Stahl", kurz EGKS.[3]

1957 bis 1968

Sämtliche Mitglieder sind sich einig, diese Kooperation auch auf andere Wirtschaftsbereiche auszudehnen. 1957 werden die „Römischen Verträge" unterzeichnet und damit die Europäische Wirtschaftsgemeinschaft „EWG" gegründet. Ziel der EWG ist der freie Verkehr von Personen, Waren und Dienstleistungen. Im gleichen Atemzug bilden die

---

[3] Vgl. Deutscher Bundestag: Geschichte der Europäischen Union nach 1945, auf:
http://www.bundestag.de/kulturundgeschichte/geschichte/infoblatt/europa_zusammenarbeit.pdf (abgerufen am 10.01.2012)

Mitglieder die Europäische Atomgemeinschaft (EURATOM). Hier stehen die friedliche Nutzung von Atomenergie, eine gemeinsame Forschung sowie die Vereinheitlichung der Sicherheitsvorschriften im Vordergrund. Beide Gemeinschaften beginnen ihre Arbeit in Brüssel. Am 7. Oktober 1958 wird zur Wahrung des Rechts im gemeinschaftlichen Integrationsprozess der Europäische Gerichtshof (EuGH) gegründet. 1967 fusionieren alle drei genannten Gemeinschaften (EGKS, EWG, EURATOM) zur Europäischen Gemeinschaft (EG).[4]

1973 bis 1986

Die EG erweitert sich am 1. Januar 1973 um die drei Länder Dänemark, Irland und Großbritannien. 1979 beschließen die Staaten die Einrichtung des Europäischen Währungssystems (EWS). Ein weiteres Land schließt sich am 1. Januar 1981 der EG an – Griechenland.[5] Genau vier Jahre später folgen Portugal und Spanien.

1992

Am 7. Februar 1992 wird der „Maastrichter Vertrag" unterzeichnet. Dieser beinhaltet die Richtlinie für eine zukünftige gemeinsame Währung sowie die Außen- und Sicherheitspolitik der Mitglieder. Außerdem regelt er die Zusammenarbeit in den Bereichen Justiz und Innenpolitik. Offiziell ist aus der Gemeinschaft eine Union geworden.[6]

1993 bis 1995

Am 1. Januar 1995 treten Österreich, Schweden und Finnland der EU bei. Das bereits 1983 unterzeichnete Schengener Abkommen tritt in Belgien, Frankreich, Luxemburg, den Niederlanden, Portugal, Spanien und Deutschland in Kraft. Von nun an müssen sich Reisende keiner Grenzkontrolle mehr unterziehen.

---

[4] Vgl. Europäische Union: Geschichte der EU 1960 - 1969, auf: http://europa.eu/about-eu/eu-history/1960-1969/1967/index_de.htm (abgerufen am 10.01.2012)
[5] Vgl. Europäische Union: Geschichte der EU 1980 - 1989, auf: http://europa.eu/about-eu/eu-history/1980-1989/1981/index_de.htm (abgerufen am 10.01.2012)
[6] Vgl. Europäische Union: Ein Europa ohne Grenzen, auf: http://europa.eu/about-eu/eu-history/1990-1999/index_de.htm (abgerufen am 10.01.2012)

1997 bis 1999

Mit der Unterzeichnung des Vertrages von Amsterdam am 17. Juni 1997 kommt es zum ersten große Reformvertrag der EU. Er beinhaltet folgende Themen

- Beschäftigungspolitik
- Vertiefung der gemeinsame Außen- und Sicherheitspolitik (GASP)
- Verbesserung der Zusammenarbeit zwischen Justiz und Innerem
- Grundlagenschaffung der europäischen Erweiterung

und tritt 1999 in Kraft.[7]

Des Weiteren wird 1999 das Reformpaket Agenda 2000 beschlossen. Schwerpunkte sind hier:

- GAP-Reform (gemeinschaftliche Agrarpolitik)
- Neue Regionalpolitik
- Festsetzung des Finanzrahmens bis 2006

Das wichtigste Ereignis im Jahr 1999 ist jedoch die Einführung des Euro als Buchwährung in elf Mitgliedstaaten (Griechenland erst 2001; Dänemark, Schweden, Großbritannien vorerst nicht) und somit das Inkrafttreten der Wirtschafts- und Währungsunion (WWU).[8]

Ab dem Jahr 2002

Am 1. Januar 2002 werden in den oben genannten Staaten die Euromünzen und -banknoten eingeführt.

Bereits 2004 erfolgt die Erweiterung um zehn Länder. Estland, Lettland, Litauen, Polen, die Slowakei, Slowenien, die Tschechische Republik, Ungarn, Malta und Zypern treten der EU am 1. Januar 2004 bei. 2007 folgen Rumänien und Bulgarien. Somit umfasst die EU nun insgesamt 27 Mitglieder.

---

[7] Vgl. Die Bundesregierung: Vertrag von Amsterdam, auf:
http://www.bundesregierung.de/Content/DE/Lexikon/EUGlossar/V/2005-11-21-vertrag-von-amsterdam.html (abgerufen am 10.01.2012)
[8] Vgl. Europäische Union: Ein Europa ohne Grenzen, auf: http://europa.eu/about-eu/eu-history/1990-1999/index_de.htm (abgerufen am 10.01.2012)

Im Dezember 2007 unterzeichnen die Staaten den Vertrag von Lissabon. Er soll die EU demokratischer, transparenter und effizienter machen, aber behandelt auch die Thematiken Klimawandel, Sicherheit und nachhaltige Entwicklung. Nach der Ratifizierung durch alle Mitglieder tritt der Vertrag 2009 in Kraft.[9]

Die darauffolgenden Jahre stellen die EU auf eine harte Bewährungsprobe. Griechenland hat enorme Zahlungsschwierigkeiten und kann nur durch die politische und finanzielle Unterstützung der EU aufrecht gehalten werden. Dies soll jedoch nicht Bestandteil dies Buches sein.

2.2 Aktuelle und künftige Mitglieder der EU

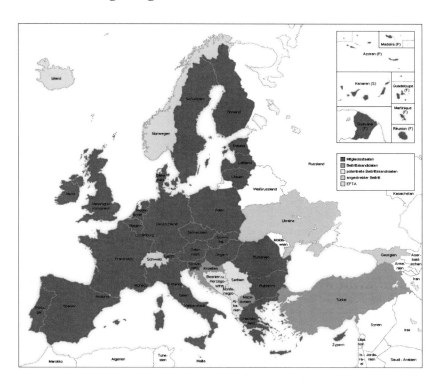

Abbildung 1: Aktuelle Mitgliedstaaten und zukünftige Beitrittskandidaten (landkartenindex.blogspot.de)

---

[9] Vgl. Europäische Union: Weitere Ausdehnung, auf: http://europa.eu/about-eu/eu-history/2000-2009/index_de.htm (abgerufen am 10.01.2012)

2.3 Ziele der EU

Im Artikel 3 des Vertrages über die Europäische Union sind die Ziele der EU verankert.

Sie stellen sich wie folgt dar:

- Förderung des Friedens, der Werte und des Wohles der in der EU ansässigen Völker
- freier Personenverkehr in einem sicheren Raum ohne Binnengrenzen
- Bildung eines auf Wachstum, Preisstabilität, Vollbeschäftigung und sozialen Fortschritt ausgerichteten Binnenmarktes
- Umweltschutz sowie Förderung des wissenschaftlichen und technischen Fortschritts
- Förderung von sozialem Schutz und sozialer Gerechtigkeit
- Bildung einer Wirtschafts- und Währungsunion
- Wahrung der Menschrechte und Weiterentwicklung des Völkerrechts
- Verfolgung der eigenen Ziele mit geeigneten Mitteln[10]

2.4 Erweiterung der EU und Integration neuer Mitglieder

In mehr als 50 Jahren konnte sich die EG mit ihren damals sechs Mitgliedern und 200 Millionen Einwohnern zur EU mit 27 Mitgliedstaaten und knapp einer halben Milliarde Menschen entwickeln, zur einer Gemeinschaft, die auf Frieden, Freiheit, Demokratie, Rechtsstaatlichkeit, Toleranz und Souveränität aufbaut. Um den Wohlstand und die Wettbewerbsfähigkeit zu halten, aber auch auszubauen, wird weiteren Ländern ein Beitritt in Aussicht gestellt, allen voran den Ländern Südosteuropas: Kroatien, Mazedonien, Albanien, Bosnien und Herzegowina, Montenegro, Serbien, Kosovo und die Türkei.

Ein Beitritt zur EU ist an zahlreiche Bedingungen und Voraussetzungen geknüpft, welche von den Beitrittskandidaten eingehalten und erfüllt werden müssen. Das Zusammenspiel zwischen EU und Beitrittsland wird als Erweiterungsprozess bezeichnet.[11]

---

[10] Vgl. Kirchhof/Kreuter-Kirchhof, C. und P.K.: Staats- und Verwaltungsrecht Bundesrepublik Deutschland und Europarecht 2011/2012, Seite 491
[11] Vgl. Europäische Kommission: Erweiterung, auf: http://ec.europa.eu/enlargement/the-policy/index_de.htm (abgerufen am 12.01.2012)

2.4.1 Voraussetzungen für einen Beitritt zur Europäischen Union

Gemäß Artikel 6 und Artikel 49 des Vertrages der Europäischen Union kann jeder europäische Staat eine Mitgliedschaft beantragen, wenn er die Grundsätze der Freiheit, der Demokratie, der Menschenrechte und die Grundfreiheiten sowie die Rechtsstaatlichkeit achtet. Gleichzeitig wird mit der Beantragung der Mitgliedschaft das dazugehörige Aufnahme- und Beurteilungsverfahren eröffnet. Die Laufzeit dieses Verfahrens ist vom Beitrittsland und seinen Fortschritten bei der Erfüllung der Bedingungen abhängig.

Der erste Schritt eines Beitrittskandidaten ist die Vorlage seines Antrags auf Mitgliedschaft beim Europäischen Rat. Nachfolgend gibt die Europäische Kommission eine offizielle Stellungnahme über das Bewerberland ab. Mit dieser Hilfestellung entscheidet der Rat über Annahme oder Ablehnung des Antrags. Ist Ersteres der Fall, können mit einem einstimmig verabschiedeten Verhandlungsmandat die offiziellen Verhandlungen zwischen Beitrittsland und EU beginnen. Bevor dies geschieht, müssen bestimmte Schlüsselkriterien durch das Bewerberland erfüllt werden.

Bei diesen Schlüsselkriterien handelt es sich um die im Dezember 1993 durch den Europäischen Rat festgelegten „Kriterien von Kopenhagen".[12]

Kriterien von Kopenhagen:

Die Kopenhagener Kriterien umfassen drei Bedingungen und eine Voraussetzung.

1. Politisches Kriterium

    • institutionelle Stabilität

    • demokratische und rechtsstaatliche Ordnung

    • Wahrung der Menschenrechte

    • Achtung und Schutz von Minderheiten

2. Wirtschaftliches Kriterium

    • das Bewerberland verfügt über eine funktionsfähige Marktwirtschaft und die Fähigkeit, dem Wettbewerbsdruck innerhalb des EU-Binnenmarktes standzuhalten

---

[12] Vgl. Europäische Kommission: Voraussetzung für eine Erweiterung, auf http://ec.europa.eu/enlargement/the-policy/conditions-for-enlargement/index_de.htm (abgerufen am 12.01.2012)

3. Acquis-Kriterium

- die Fähigkeit, sich die aus der Mitgliedschaft entstehenden Verpflichtungen und Ziele zu eigen zu machen, d. h. die Übernahme des gemeinschaftlichen Rechtssystems („der gemeinsame Besitzstand")

4. Voraussetzung: Aufnahmefähigkeit der EU

- durch die Aufnahme weiterer Mitglieder darf sich die Integration der EU nicht verlangsamen
- die EU muss in der Lage sein, sämtliche Politiken auch in Zukunft nachhaltig zu finanzieren
- Beibehaltung der eigenen Identität
- gemeinsame Strategien können weiterhin entwickelt und umgesetzt werden
- Effizienz und Verlässlichkeit der EU-Organe werden weiterhin gewährleistet[13] [14]

2.4.2 Der Stabilisierungs- und Assoziierungsprozess (SAP)

Der SAP wurde von der EU ins Leben gerufen, um die Länder des westlichen Balkans bis zu ihrem möglichen Beitritt in die Union zu begleiten. Mit dem SAP werden drei wichtige Ziele verfolgt:

- Stabilisierung und schneller Wechsel zu einer funktionierenden Marktwirtschaft
- Förderung von regionaler Kooperation
- Aussicht auf eine Mitgliedschaft in der EU

Kernelement dieses Prozesses ist das Stabilisierungs- und Assoziierungsabkommen. Hierbei handelt es sich um einen Rahmenvertrag, der die rechtlichen Pflichten und Bedingungen zwischen der EU und dem jeweiligen Land festlegt. Hauptsächlich fokussieren sich diese Verpflichtungen und Bedingungen auf den Erhalt wichtiger demokratischer Grundsätze und die Kernelemente des EU-Binnenmarktes.

---

[13] Vgl. Die Kopenhagener Kriterien, Infoblatt II/6, auf http://www.eab-berlin.de/fileadmin/europakoffer/medien/dokumente/ib-ii-6.pdf (abgerufen am 12.01.2012)
[14] Vgl. Europäische Kommission: Die Voraussetzungen für eine Erweiterung, auf http://ec.europa.eu/enlargement/the-policy/conditions-for-enlargement/index_de.htm (abgerufen am 12.01.2012)

Die Erfüllung dieser Bedingungen und Pflichten ist Grundlage für den Beginn des Integrationsprozesses.

Weitere wichtige Elemente im SAP sind die wirtschaftliche und finanzielle Unterstützung (z. B. CARDS-Programm 2000 - 2006) sowie Handelszugeständnisse für das jeweilige Beitrittsland.[15]

2.4.3 Der Erweiterungsprozess

Mit der Erfüllung der Kopenhagener Kriterien beginnt die nächste Phase des Integrationsprozesses. Auch hier gibt die EU ein ausführliches Genehmigungsverfahren vor, welches weitere Beitrittsbedingungen festlegt und damit als Orientierungshilfe dient. Die Beitrittskandidaten müssen erst eine Phase im Prozess abschließen, um in die nächste überzugehen.

Der Erweiterungsprozess besteht aus:

1) Mandat und Rahmenbedingungen
2) Screening und Monitoring
3) Abschluss der Verhandlungen und Unterzeichnung des Beitrittsvertrages[16]

2.4.3.1 Das Mandat und die Rahmenbedingungen

Ein Verhandlungsmandat muss durch den Europäischen Rat einstimmig beschlossen werden, woraufhin die Verhandlungen beginnen. Es gibt einen festgelegten Verhandlungsrahmen, der die Richtlinien der Beitrittsverhandlungen verankert. Die danach stattfindenden Debatten erfolgen auf Minister- und Botschafterebene. Wichtigste Themen sind dabei die Bedingungen und der Zeitplan für die Übernahme, Umsetzung und Durchsetzung sämtlicher EU-Vorschriften. Dieser Prozess wird auch als „Acquis Communautaire" bezeichnet (das dritte Kopenhagener Kriterium; „der gemeinschaftliche Besitzstand"). Es beginnen die Verhandlungen zwischen den Kandidatenländern und der EU, wie und wann die EU-Vorschriften und -Verfahren übernommen werden und welcher Finanzierungsbedarf dabei besteht.

---

[15] Vgl. Europäische Kommission: Der Stabilisierungs- und Assoziierungsprozess, auf
http://ec.europa.eu/enlargement/enlargement_process/accession_process/how_does_a_country_join_the_eu/sap/index_de.htm
(abgerufen am 14.01.2012)
[16] Vgl. Europäische Kommission: Der Erweiterungsprozess, auf http://ec.europa.eu/enlargement/the-policy/process-of-enlargement/index_de.htm (abgerufen am 14.01.2012)

Diese Rechtsvorschriften werden in 35 Kapitel „des gemeinsamen Besitzstandes" unterteilt (s. Abbildung 2).[17]

1. Freier Warenverkehr	19. Sozialpolitik und Beschäftigung
2. Freizügigkeit von Arbeitnehmern	20. Unternehmens- und Industriepolitik
3. Niederlassungsrecht und Dienstleistungsfreiheit	21. Transeuropäische Netze
4. Freier Kapitalverkehr	22. Regionalpolitik und Koordinierung der strukturpolitischen Instrumente
5. Öffentliches Auftragswesen	
6. Gesellschaftsrecht	23. Justiz und Grundrechte
7. Rechte an geistigem Eigentum	24. Sicherheit, Freiheit und Recht
8. Wettbewerbspolitik	25. Wissenschaft und Forschung
9. Finanzdienstleistungen	26. Bildung und Kultur
10. Informationsgesellschaft und Medien	27. Umwelt
11. Landwirtschaft	28. Verbraucher- und Gesundheitsschutz
12. Lebensmittelsicherheit und Tier- und Pflanzengesundheit	29. Zollunion
	30. Außenbeziehungen
13. Fischerei	31. Außen-, Sicherheits- und Verteidigungspolitik
14. Verkehrspolitik	32. Finanzkontrolle
15. Energie	33. Finanz- und Haushaltsbestimmungen
16. Steuern	34. Institutionen
17. Wirtschafts- und Währungspolitik	35. Sonstige Fragen
18. Statistik	

Abbildung 2: Die Kapitel des gemeinsamen Besitzstandes (Quelle: Europäische Kommission)

2.4.3.2 Screening und Monitoring

Vor den Verhandlungen führt die EU-Kommission für jedes Kandidatenland ein Screening zu den oben aufgeführten Kapiteln durch. Hierbei prüfen und beurteilen Vertreter der EU, inwiefern das Kandidatenland auf einen EU-Beitritt vorbereitet ist. Daraufhin entscheidet der EU-Rat auf Empfehlung der EU-Kommission, ob die Verhandlungen für ein Kapitel eröffnet werden bzw. ob die Erfüllung eines Kapitels erst dann gegeben ist, wenn das Beitrittsland gewisse Vorgaben (genannt „Benchmarks") erfüllen konnte. Während des gesamten Screening- und Monitoring-Prozesses legt die Kommission dem EU-Rat und dem EU-Parlament regelmäßig Berichte, Strategiepapiere und Erläuterungen vor.

Mit dem sogenannten Monitoring überwacht die EU-Kommission, inwieweit die einzelnen Benchmark-Vorgaben erfüllt sind, welche Fortschritte bei der Anwendung und Umsetzung von EU-Vorschriften gemacht und ob die durch das Beitrittsland eingegan-

---

[17] Vgl. Europäische Kommission: Das Mandat und die Rahmenbedingungen, auf http://ec.europa.eu/enlargement/the-policy/process-of-enlargement/mandate-and-framework_de.htm (abgerufen am 14.01.2012)

genen Verpflichtungen eingehalten werden. Der Monitoring-Prozess endet erst mit dem Beitritt des Kandidaten.[18]

2.4.3.3 Abschluss der Verhandlungen und der Beitrittsvertrag

Wurden sämtliche Verhandlungen der einzelnen Kapitel abgeschlossen, gibt es einen Entwurf des Beitrittsvertrages. Darin werden die Übergangsbestimmungen und Fristen, die Einzelheiten der Finanzbestimmungen und etwaige Schutzklauseln aufgeführt. Dieser Entwurf muss durch den EU-Rat, die EU-Kommission und das EU-Parlament genehmigt werden. Erst dann erfolgt die Unterzeichnung durch die Vertreter der Mitgliedstaaten und des Beitrittskandidaten. Das ehemalige Kandidatenland hat nun den Status „Beitretender Staat" und damit bereits einige Vorrechte. Diese beinhalten z. B. die Stellungnahme zu Entwürfen von EU-Vorlagen, das Recht, Mitteilungen, Empfehlungen und Initiativen abzugeben, sowie das Rederecht in EU-Gremien und -Agenturen.

Ist der Ratifizierungsprozess des Beitrittsvertrages in den europäischen Mitgliedstaaten und im beitretenden Staat abgeschlossen, tritt er am festgelegten Tag in Kraft. Auf Basis dieses Vertrages hat die EU ein offizielles neues Mitglied erhalten.[19]

3. Island

3.1 Die Bevölkerung Islands

Die Gesamtbevölkerung Islands beträgt 318.450 Einwohner (Stand 2010)[20].
Zwei Drittel aller Bewohner leben in der Landeshauptstadt Reykjavík.
Aufgrund der geographischen und wirtschaftlichen Bedingungen befinden sich fast alle Siedlungen in den Küstengebieten. Island weist ein stetiges Bevölkerungswachstum von durchschnittlich 1,7 % auf, gemessen an den letzten zehn Jahren.[21]

---

[18] Vgl. Europäische Kommission: Screening und Monitoring, auf: http://ec.europa.eu/enlargement/the-policy/process-of-enlargement/screening-and-monitoring_de.htm (abgerufen am 14.01.2012)
[19] Vgl. Europäische Kommission: Der Abschluss der Verhandlungen und der Beitrittsvertrag, auf: http://ec.europa.eu/enlargement/the-policy/process-of-enlargement/closure-and-accession_de.htm (abgerufen am 14.01.2012)
[20] Vgl. Germany Trade und Invest: Wirtschaftsdaten kompakt: Island Stand November 2011, auf http://ahk.de/fileadmin/ahk_ahk/GTaI/island.pdf (abgerufen am 15.01.2012)
[21] Vgl. Auswärtiges Amt: Island (März 2012), auf http://www.auswaertiges-amt.de/DE/Aussenpolitik/Laender/Laenderinfos/01-Nodes_Uebersichtsseiten/Island_node.html (abgerufen am 16.01.2012)

3.2 Staatsaufbau/Innen- und Außenpolitik Islands

3.2.1 Staatsaufbau/Innenpolitik

Mit der Verfassung von 1944 ist Island eine konstitutionelle Republik. Das höchste Staatsoberhaupt ist der Staatspräsident (aktuell: Dr. Ólafur Ragnar Grímsson). Seine Ernennung erfolgt durch direkte Wahl für eine vierjährige Amtsperiode. Er kann unbeschränkt wiedergewählt werden. Das Parlament (gen. Althing) umfasst 63 Abgeordnete, welche nach dem Verhältniswahlrecht für vier Jahre gewählt werden.

Island besteht aus 76 Gemeinden.

Die Judikative unterteilt sich in zwei Stufen – den Obersten Gerichtshof und die Distriktgerichte.

Seit den Wahlen 2009 wird Island erstmalig durch eine Linkskoalition der Sozialdemokratischen Allianz (SDA) und der Links-Grünen Bewegung (LGB) regiert. Sie unterstehen der Premierministerin Jóhanna Sigurðardóttir. Das aktuelle Regierungsprogramm umfasst folgende Themen:

- Stabilisierung der Wirtschaft
- Wiederaufbau des Bankensystems
- Regierungsreform (Kürzung administrativer Ausgaben, Kabinettsumbildung, neue Verfassung)
- Haushaltskonsolidierung
- Erhalt des Wohlfahrtsstaates
- EU-Beitrittsantrag und Ergebnisse der Beitrittsverhandlungen

Am 16.07.2009 wurde das Beitrittsgesuch zur EU beschlossen. Bereits am 27.09.2010 konnten die Beitrittsverhandlungen in Brüssel eröffnet werden.

Ausgelöst durch die Finanzkrise konnte der Internationale Währungsfonds (IWF) sein Beistandsprogramm im August 2011 beenden und der isländischen Regierung gute Fortschritte bei der Bewältigung der Finanzkrise, der makroökonomischen Stabilisierung und der Restrukturierung des Bankensystems sowie eine bessere Kontrolle des Finanzsektors und die Beschränkung der Staatsverschuldung bescheinigen.

Trotz Krise und wirtschaftlicher Probleme ist Island ein hochentwickelter Sozialstaat in der Weltspitzengruppe. Mit der höchsten Geburtenrate Europas spiegeln sich Kinder- und Familienfreundlichkeit wider. Entgegen den Kürzungen bei den Sozialausgaben, infolge der Finanzkrise, wird das Leitbild eines auf hohem Niveau agierenden Staates nicht in Frage gestellt.

Ein baldiger Haushaltsüberschuss, geplant durch Steuererhöhungen, und das Erreichen der Maastrichter-Kriterien sind wichtige innenpolitische Ziele.[22]

3.2.2 Außenpolitik

Als Mitglied zahlreicher Organisationen unterhält Island weitläufige diplomatische Beziehungen.

In folgenden Bereichen bestehen aktive Beteiligungen:

- Menschenrechte
- Meeresverschmutzung
- Klimawandel
- Welthandelsliberalisierung
- Entwicklung
- UN-Missionen
- Wiederaufbauhilfe
- Humanitäre Einsätze

Aufgrund der geographischen Eigenschaften besitzt Island ein umfassendes Know-how im Bereich der geothermischen Energiegewinnung und teilt dieses Wissen mit Industrie-, Schwellen- und Entwicklungsländern.

Regional konzentriert man sich auf folgende Schwerpunkte:

- Nordische Zusammenarbeit
- Arktispolitik

---

[22] vgl.: Auswärtiges Amt Island: Staatsaufbau/Innenpolitik (Stand März 2012), auf http://www.auswaertiges-amt.de/DE/Aussenpolitik/Laender/Laenderinfos/Island/Innenpolitik_node.html (abgerufen am 16.01.2012)

- NATO-Bündnisse
- Verteidigungsabkommen mit den USA
- EUROPA: Beitritt, bilaterale Beziehungen, EWR, EFTA, Schengener Abkommen
- Russland, China, Indien
- Baltische Staaten

Island führt 18 Auslandsvertretungen bei internationalen Organisationen.

Nordische Zusammenarbeit:

Die nordische Zusammenarbeit stellt ein zentrales Element der isländischen Außenpolitik dar. Sie definiert sich vor allem durch enge Wirtschaftsbeziehungen der skandinavischen Staaten. Island ist Mitglied des Schengener Durchführungsabkommens, im Barentseerat sowie im Ostseerat.

Zentrales Anliegen Islands ist eine Stärkung des Arktischen Rates als Kooperations- und Entscheidungsforum. Es verfolgt damit die Sicherung der eigenen Existenzgrundlage und seine Interessen im Nordatlantik.[23]

Hierzu zählen:

- Sauberkeit und Biodiversität des Meeres
- Nachhaltige Nutzung bestehender Ressourcen
- Neue Seetransportwege
- Frieden und Sicherheit durch Demilitarisierung

Eigene Streitkräfte werden nicht von Island unterhalten. Die nationale Sicherheit wird durch die NATO und das seit 1953 bestehende Verteidigungsabkommen mit den USA gewährleistet.

---

[23] Vgl. Auswärtiges Amt Island: Außenpolitik (Stand März 2012), auf: http://www.auswaertiges-amt.de/DE/Aussenpolitik/Laender/Laenderinfos/Island/Aussenpolitik_node.html (abgerufen am 16.01.2012)

3.2.3 Islands Beziehung zur EU

Auch ohne offizielle Mitgliedschaft zur EU unterhält Island gute Verbindungen zu den EU-Mitgliedern im Bereich der Wirtschaft, Politik und Kultur. Ein Beispiel ist der Warenverkehr. Island setzt ca. vier Fünftel seiner Exporte in der EU ab. Seit 1994 besteht die Mitgliedschaft im EWR. Hierdurch konnten bereits viele europäische Rechtsnormen übernommen und innerstaatlich umgesetzt werden.

Island nimmt am EU-Binnenmarkt teil, beteiligt sich an einer Reihe von EU-Agenturen und -Programmen in den Bereichen Umwelt, Bildung, Forschung, Unternehmen und nimmt am Emmissionshandelssystem teil. Durch den Beitritt zum Schengener Abkommen stellt sich Island bezüglich VISA- und Grenzkontrollfragen mit den EU-Mitgliedstaaten gleich.

Anhand der folgenden chronologischen Aufstellung werden die wichtigsten Handlungen zwischen der Europäischen Union und Island verdeutlicht:

- 1970: Beitritt zur „Europäischen Freihandelsassoziation" (EFTA)
- 1973: Freihandelsabkommen mit der EG
- 1994: Mitgliedschaft im EWR
- 2000: Beitritt zum Schengener Abkommen
- 16. Juli 2009: Antrag auf Mitgliedschaft in der EU wird gestellt
- 27. Juli 2010: Beginn der Beitrittsverhandlungen
- 27. Juni 2011: Beitrittskonferenz: vier Kapitel offiziell eröffnet, von denen zwei vorläufig abgeschlossen wurden
- 19.10. - 12.12.202011: insgesamt konnten elf Kapitel eröffnet werden, acht davon wurden vorläufig abgeschlossen[24]

3.3 Wirtschaft und wirtschaftliche Lage Islands 2008 - 2010

Island ist im Europäischen Raum eine der kleinsten Volkswirtschaften.

Mit einem Bruttoinlandsprodukt von ca. 10,143 Mrd. Euro im Jahr 2011 und einem BIP pro Kopf von 31.750 Euro[25] bewegt es sich jedoch im oberen Spitzenfeld der internati-

---

[24] Vgl. Europäische Kommission: Island – Beziehungen EU-Island (12.12.2011), auf: http://ec.europa.eu/enlargement/candidate-countries/iceland/relation/index_de.htm (abgerufen am 16.01.2012)

onalen Volkswirtschaften. Die wichtigsten Sektoren, die zum BIP beitragen, sind Dienstleistungen, Industrie und die Fischereiwirtschaft.

Schon immer war die Fischerei einer der tragenden Bereiche der isländischen Wirtschaft, verlor aber infolge wachsender Dienstleistungen und durch den Ausbau industrieller Strukturen an Bedeutung. Dennoch stellt die Fischereiwirtschaft immer noch mehr als ein Drittel aller Exporte.[26]

Bei der Energiegewinnung mithilfe von Geothermikkraftwerken spielt die geographische Lage Islands eine wichtige Rolle. Sie trägt zum Ausbau energieintensiver Industriezweige sowie der Stromerzeugung und der Gebäudebeheizung bei.[27]

Im Jahr 2008 musste sich die isländische Wirtschaft einer harten Probe unterziehen. Der Bankensektor brach aufgrund riskanter internationaler Kreditgeschäfte zusammen. Es drohte eine Zahlungsunfähig und damit der Bankrott des Landes. Das BIP und die Börse brachen ein. Die Isländische Krone verlor gegenüber dem Euro fast 60 % ihres Wertes.[28] Durch die Erfüllung verschiedener Auflagen konnte mithilfe eines milliardenschweren Rettungspaketes aus dem Internationalen Währungsfonds eine Staatspleite verhindert werden. Mit einem strengen und umfassenden Stabilisierungs- und Reformprogramm, dessen Inhalt der Wiederaufbau des Bankensystems, die Begrenzung der Auslandsverschuldung, der Abbau der Arbeitslosigkeit, die Konsolidierung des Staatshaushaltes sowie die Unterstützung der verschuldeten Haushalte und Unternehmen ist[29], kann Island wieder wirtschaftliche Fortschritte vorweisen. Seit Ausbruch der Krise konnte 2011 erstmals ein Wachstum des BIP von 3,1 % erreicht werden.

Währung:

Seit der Finanzkrise hat die Isländische Krone (IKR) eine starke Abwertung gegenüber dem Euro erfahren müssen. Mit dem Rettungspaket des IWF in Höhe von 2,1 Mrd. Dol-

---

[25] Vgl. Auswärtiges Amt Island: Wirtschaftsdatenblatt Island (März 2012), auf: http://www.auswaertiges-amt.de/cae/servlet/contentblob/613346/publicationFile/166322/WiDa.pdf (abgerufen am 17.01.2012)

[26] Vgl. Germany Trade und Invest: Wirtschaftsdaten kompakt: Island (November 2011), auf: http://www.auswaertiges-amt.de/cae/servlet/contentblob/613346/publicationFile/166322/WiDa.pdf (abgerufen am 17.01.2012)

[27] Vgl. Auswärtiges Amt Island: Wirtschaft (Stand März 2012), auf: http://www.auswaertiges-amt.de/DE/Aussenpolitik/Laender/Laenderinfos/Island/Wirtschaft_node.html (abgerufen am 18.01.2012)

[28] Vgl. Wirtschaftsblatt: Island: Vom Prügelknaben zum Wunderkind (Schuch A.,Bruckberger H.-J. 09.03.2011), auf: http://www.wirtschaftsblatt.at/home/boerse/investor/island-vom-pruegelknaben-zum-wunderkind-462499/index.do (abgerufen am 16.01.2012)

[29] Vgl. Auswärtiges Amt Island: Wirtschaft- und Finanzpolitik, auf: http://www.auswaertiges-amt.de/sid_4AB9314B148FFB8D827533821AA766F7/DE/Aussenpolitik/Laender/Laenderinfos/Island/Wirtschaft_node.html (abgerufen am 16.01.2012)

lar[30] konnte ein weiterer Einbruch vermieden werden, das ebenso stabilisierend auswirkte (s. Abbildung 3).[31]

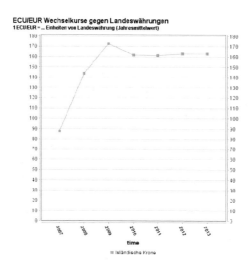

Abbildung 3: Wechselkurs Isländische Krone zum Euro (Quelle: EuroStat)

Wirtschaftliche Entwicklung:

Das BIP erfährt seit 2009 einen stetigen Anstieg. 2011 lag es bei 10,143 Mrd. Euro bei
einem Wachstum von 3,1 % gegenüber 2010[32] (s. Abbildung 4) und nähert sich damit
langsam dem Vorkrisenniveau. Dies zeigt, dass die Kredite der IWF und die innerstaatlichen Stabilisierungs- und Reformprogramme Wirkung zeigen und Island aus der Rezession verhelfen.

---

[30] Vgl. o. V., Manager Magazin Online: IWF hilft mit Milliardenkredit (20.11.2008), auf http://www.manager-
magazin.de/unternehmen/artikel/0,2828,591538,00.html (abgerufen am 18.01.2012)
[31] Vgl. Handelsblatt: IWF schnürt Hilfspaket für Island (Steuer H., 24.10.2008), auf:
http://www.handelsblatt.com/politik/international/vor-dem-staatsbankrott-iwf-schnuert-hilfspaket-fuer-island/3041914.html
(abgerufen am 16.01.2012)
[32] Vgl. Auswärtiges Amt Island: Wirtschaftsdatenblatt Island (Stand März 2012), auf: http://www.auswaertiges-
amt.de/cae/servlet/contentblob/613346/publicationFile/166322/WiDa.pdf (abgerufen am 16.01.2012)

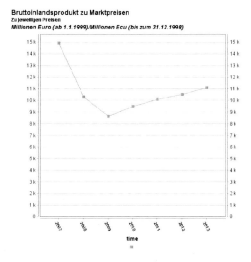

Abbildung 4: Bruttoinlandsprodukt Islands zu Marktpreisen in Millionen Euro (Quelle: EuroStat)

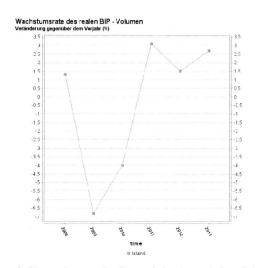

Abbildung 5: Prozentuale Veränderung des Bruttoinlandsproduktes Islands (Quelle: EuroStat)

Mit ca. 318.450 Einwohnern entspricht dies einem nominalen BIP pro Kopf in Höhe von 31.750 Euro und liegt trotz der Finanzkrise immer noch deutlich über dem EU-Durchschnitt.

Hauptbestandteile des BIP sind zu 25,3 % die Finanzdienstleistungen und Immobilien sowie zu 16,5 % die Industrie. Fischerei und Fischereiprodukte haben nur einen Anteil von 5,3 %.

Die Inflationsrate konnte gesenkt werden und zeigt sich stabil. Mit 5,3 % (Stand 2011) ist sie gegenüber 2010 zwar nur um 0,1 % gesunken, konnte aber den zweistelligen Bereich (lag 2008/2009 > 12 %) verlassen.

Die Arbeitslosenquote ist seit der Finanzkrise weiterhin angestiegen und liegt momentan bei 8 %. Durch den wirtschaftlichen Aufschwung wird für 2011/2012 eine leichte Erholung prognostiziert.

Der durchschnittliche Bruttoarbeitslohn stieg von etwa 2.087,50 Euro (2009) auf 2.175,00 Euro[33] (2010).

Der Außenhandel Islands stellt sich wie folgt dar:

Tabelle 1: Handelsbilanz Islands 2008 - 2010 (Quelle: GTAI)

Außenhandel (in Mrd. IKR)

	2008	%	2009	%	2010	%
Einfuhr	515	+20,0	446	-13,4	477	+7,0
Ausfuhr	467	+53,1	501	+7,3	561	+12,0
Saldo	-48		+55		+84	

Die Exporte wurden weiter ausgebaut und wiesen ein höheres Wachstum als die Importe auf. Die aktive Handelsbilanz zeigt, dass nach dem Zusammenbruch des Banken- und Dienstleistungssektors der Export als tragende Wirtschaftskraft in den Vordergrund gerückt ist. Die wichtigsten Hauptabnahmeländer bilden zu 77,6 % die Mitgliedstaaten der EU.

Ausländische Direktinvestitionen (ADI) hatten 2010 einen Wert von 8,4 Mrd. Euro. Dies ist ein Anstieg um 2,2 Mrd. Euro gegenüber 2009. Hauptinvestoren sind Belgien und Luxemburg mit einem Anteil von 81,1 %, gefolgt von den Niederlanden mit 9,4 %. Hauptsektoren für Investitionen waren unter anderem Holdinggesellschaften (39,2 % in 2010) und die isländische Industrie. Dies zeigt, dass aufgrund der wirtschaftlichen Erholung Islands ein gewisses Vertrauen ausländischer Investoren zurückgekehrt ist.

---

[33] Basierend auf einem Umrechnungskurs von 1 Euro = 160 IKR

Das Rating des Institutional Investor Magazine weist eine Verbesserung der Länderbonität auf. Zwischen Mai 2010 und November 2011 konnte sich Island von Rang 87 auf Rang 73[34] verbessern.[35]

3.4 Zusammenfassung des Fortschrittsberichts vom 9. November 2010[36]

Politisch

Island erfüllt alle politischen Kriterien, es ist eine funktionierende Demokratie mit leistungsfähigen Institutionen. Die Landesjustiz befindet sich auf einem hohen Niveau und gewährleistet so den Schutz der Grundrechte.

Die Regierung arbeitet, trotz der vorherrschenden verschiedenen Meinungen zum EU-Beitritt auf politischer Seite und aus der Bevölkerung, sehr gut zusammen. Mit einer Informationsdebatte soll weitere Abhilfe geschaffen werden.

Fortschritte konnte die gegründete Special Investigation Commission bezüglich der politischen und administrativen Konsequenzen der Finanzkrise vorweisen. Darunter fällt zum Beispiel der im März 2011 wegen fahrlässigen Handelns angeklagte ehemalige Premierminister. Weitere Fälle wegen betrügerischen Geschäftspraktiken im Bankensektor führten zu Festnahmen.

Island versucht, die Grundrechte sowie wirtschaftliche und soziale Rechte zu sichern. Ein Rahmenabkommen mit dem Europarat zum Schutz von nationalen Minderheiten wurde ratifiziert. Nach einer langen Rezession konnte sich die Wirtschaft nun langsam erholen. Trotz der begonnenen Umstrukturierung im Bankensektor bedarf es in diesem Bereich weiterer Veränderungen, um seine positive Funktion in der Wirtschaft wiederherzustellen. Eine wirtschaftliche Stabilisierung bewerkstelligte das erfolgreich abgeschlossene IWF-Programm.

Die Haushaltskonsolidierung ist ein weiteres Ziel der Regierung.

---

[34] Vgl. Germany Trade und Invest: Wirtschaftsdaten kompakt: Island (Stand Mai 2011), auf:
http://www.heilbronn.ihk.de/ximages/1421328_wirtschaft.pdf (abgerufen am 16.01.2012)
[35] Vgl. Germany Trade und Invest: Wirtschaftsdaten kompakt: Island (Stand November 2011), auf
http://ahk.de/fileadmin/ahk_ahk/GTaI/island.pdf (abgerufen am 16.01.2012)
[36] Vgl. Europäische Kommission: extract from the Communication from the Commission to the European Parliament and the Council "Enlargement Strategy and Main Challenges 2011-2012", COM(2011)666 final), auf
http://ec.europa.eu/enlargement/pdf/key_documents/2011/package/is_conclusions_en.pdf (abgerufen am 16.01.2012)

Wirtschaft

Trotz der Belastungen im Finanzsektor ist Island eine funktionierende Marktwirtschaft. Mittelfristig ist es in der Lage, dem Wettbewerb und Marktkräften der EU standzuhalten, sofern die bestehenden Defizite durch eine entsprechende makroökonomische Politik und Strukturreformen (s. Abbildung 6) beseitigt werden können.

Eine Maßnahme ist der Policy-Mix mit den Schwerpunkten Wechselkursstabilisierung und Konsolidierung des Haushaltes.

Island konnte seine Devisenreserven vergrößern. Des Weiteren blieb die Auslandsverschuldung auf überschaubarem Niveau.

Das Land verfügt über eine gute Basisinfrastruktur, reichlich Ressourcen und eine gut qualifizierte Bevölkerung. Dennoch ist die Arbeitslosenquote, vor allem unter der jungen Bevölkerung, relativ hoch.

Ausgabenkürzungen im öffentlichen Bereich stellen eine große Herausforderung dar.

Die Kreditvergabe durch Banken an die Wirtschaft gestaltet sich aufgrund der schlechten Qualität ihrer Vermögenswerte nach wie vor schwierig. Umstrukturierungen im Unternehmenssektor gehen nur langsam voran, sodass kaum Spielraum für weitere Investitionen und eine damit verbundene wirtschaftliche Verbesserung möglich ist.

EU-Recht

Als langjähriges Mitglied des EWR und des Schengener Abkommens ist Island im Gesamtniveau gut auf die Anforderungen des gemeinsamen Besitzstandes vorbereitet. In den Kapiteln, die diese beiden Abkommen betreffen, ist die bisherige Rechtsangleichung zufriedenstellend.

Island steht weitestgehend im Einklang in den Bereichen freier Warenverkehr, Niederlassungsfreiheit, freier Dienstleistungsverkehr, öffentliche Auftragsvergabe, Gesellschaftsrecht, geistiges Eigentum, Finanzdienstleistungen, Informationen und Medien. Allerdings besteht in einigen wichtigen Bereichen noch akuter Handlungsbedarf in gesetzlicher und rechtlicher Hinsicht für eine erfolgreiche EU-Mitgliedschaft. Hierbei wären unter anderem die Bereiche Fischerei, Landwirtschaft und ländliche Entwicklung,

Umwelt mit Schwerpunkt auf den Walschutz, die Regionalpolitik, die Lebensmittelsicherheit sowie die Tier- und Pflanzengesundheit zu nennen.

Große Probleme gibt es im Kapitalverkehr aufgrund der Beschränkungen durch die European Free Trade Association (EFTA). Diese leitete ein Vertragsverletzungsverfahren gegen Island mit der Begründung, dass gegen die Einlagensicherungsrichtlinien gehandelt wurde, ein. Eine Stellungnahme Islands wird derzeit geprüft. Somit dauert der Icesave-Streit weiterhin an. Ebenfalls ist die Rückzahlung der Finanzhilfe an die Niederlande und Großbritannien ein Thema.

Kurze Erläuterung zum Icesave-Streit:

Infolge der Finanzkrise 2008 brachen die drei größten Banken Islands zusammen. Hierzu zählte die Direktbank Icesave, die unter anderem auch Gelder britischer und niederländischer Anleger verwaltete. Infolge deren Bankrotts übernahm Island die Verluste einheimischer Anleger. Ausländische Anleger mussten jedoch durch ihre Heimatländer entschädigt werden. Diese Entschädigung fordern die Niederlande und Großbritannien seither zurück. Ihre Forderungen belaufen sich auf 3,8 Mrd. Euro.

Mit der Verabschiedung des Icesave-Gesetzes sah das isländische Parlament die Rückzahlung vor. Durch das Veto des isländischen Präsidenten Olafur Grimsson kam es nicht zur gewünschten Verabschiedung des Gesetzes. Somit erfolgte am 6. März 2010 ein Referendum, bei dem sich die Mehrheit der isländischen Bevölkerung gegen eine Rückzahlung, finanziert aus Steuergeldern, aussprach. Ein zweiter Anlauf im darauffolgenden Jahr scheiterte ebenfalls. Obwohl es sich hierbei um ein bilaterales Problem handelt, steht es dennoch zwischen Island und einem EU-Beitritt.[37]

Die nachfolgenden Zeitleiste (Abbildung 6) stellt Islands wichtigste zu erfüllende Maßnahmen auf dem Weg zu einer erfolgreichen Mitgliedschaft in der EU dar.

---

[37] Vgl. o. V.: Was hinter dem Icesave-Streit in Island steckt (10.04.2011), auf http://www.tagesschau.de/wirtschaft/icesave102.html (abgerufen am 10.11.2011)

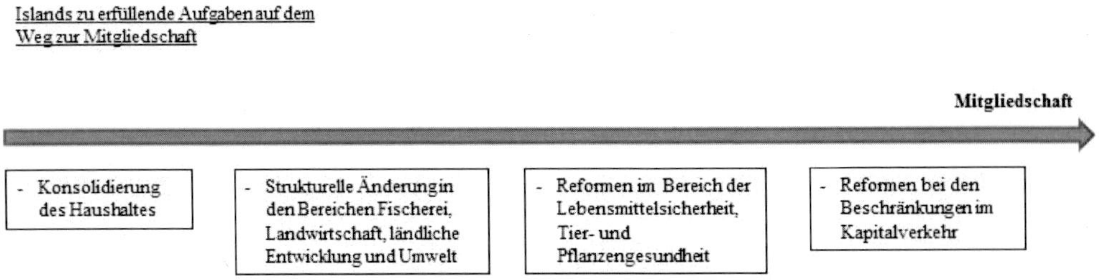

Islands zu erfüllende Aufgaben auf dem Weg zur Mitgliedschaft
Mitgliedschaft
- Konsolidierung des Haushaltes
- Strukturelle Änderung in den Bereichen Fischerei, Landwirtschaft, ländliche Entwicklung und Umwelt
- Reformen im Bereich der Lebensmittelsicherheit, Tier- und Pflanzengesundheit
- Reformen bei den Beschränkungen im Kapitalverkehr

Abbildung 6: Zu erfüllende Aufgabe Islands bis zur Mitgliedschaft in der EU (Quelle: Eigene Darstellung)

4. Kroatien

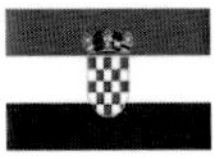

4.1 Die Bevölkerung Kroatiens

Gemäß der letzten ausgewerteten Volkszählung im Jahr 2001 umfasst die Gesamtbevölkerung Kroatiens 4.437.460 Einwohner. Davon leben eine Million Menschen in der Hauptstadt Zagreb und deren Vororten.[38]

Die verschiedenen Ethnien der Bevölkerung gliedern sich wie folgt:

Tabelle 2: Gliederung der Ethnien in Kroatien

Kroaten 3.977.171 (89,63 %)	Slowenen 13.173 (0,30 %)
Serben 201.631 (4,54 %)	Tschechen 10.510 (0,24 %)
Bosniaken 20.755 (0,49 %)	Roma 9.463 (0,21 %)
Italiener 19.636 (0,44 %)	Montenegriner 4.926 (0,11 %)
Ungarn 16.595 (0,37 %)	Slowaken 4.712 (0,11 %)
Albaner 15.082 (0,34 %)	Mazedonier 4.270 (0,10 %)

Kroatisch ist die Landessprache, jedoch werden im amtlichen Gebrauch auch Serbisch, Italienisch und Ungarisch gesprochen.

88 % der Bevölkerung sind römisch-katholisch, 4 % serbisch-orthodox und 1 % muslimisch.[39]

[38] Vgl. Auswärtiges Amt Kroatien: Kroatien (Januar 2012), auf: http://www.auswaertiges-amt.de/sid_D178B6A8AD6B02765B2D62C50CA8C19A/DE/Aussenpolitik/Laender/Laenderinfos/01-Nodes_Uebersichtsseiten/Kroatien_node.html (abgerufen am 26.11.2011)

[39] Vgl. Auswärtiges Amt Kroatien: Kroatien (Januar 2012), auf: http://www.auswaertiges-amt.de/sid_D178B6A8AD6B02765B2D62C50CA8C19A/DE/Aussenpolitik/Laender/Laenderinfos/01-Nodes_Uebersichtsseiten/Kroatien_node.html (abgerufen am 26.11.2011)

4.2 Staatsaufbau/Innen- und Außenpolitik Kroatiens

Kroatien ist in 20 Bezirke und die Verwaltungseinheit Zagreb eingeteilt.

Mit einer Reform der Verfassung im Jahre 2000/2001 ist Kroatien eine parlamentarische Demokratie. Staatspräsident ist seit 2010 Prof. Dr. Ivo Josipović. Als exekutives Organ erfolgt die Wahl alle fünf Jahre direkt über das Volk. Der Staatspräsident ernennt Regierungsmitglieder, den Premierminister, ruft Parlamentswahlen ein, ist außenpolitisch tätig und kontrolliert Militär sowie Nachrichtendienst.

Als legislatives Organ agiert das Kroatische Parlament in Zagreb. Aktuell (Stand 2010) zählt es 153 Abgeordnete, die alle vier Jahre direkt gewählt werden. Der Oberste Gerichtshof Kroatiens dient als höchste Instanz der Judikative.

Die politische Landschaft Kroatiens besteht aus einem Mehrparteiensystem, bei Wahlen gilt ein Mehrheitswahlrecht. Des Weiteren ist Kroatien in zwölf Wahlbezirke eingeteilt – zehn für Kroatien, einer für alle Kroaten, die im Ausland leben, und ein Wahlkreis für die in Kroatien lebenden Minderheiten.

Aktuelles politisches Thema ist der EU-Beitritt zum 01.07.2013[40]. Der Beitrittsvertrag ist bereits unterzeichnet und muss durch alle Mitgliedstaaten ratifiziert werden. 2012 erfolgte eine Volksabstimmung über den EU-Beitritt geben.[41]

Bis dahin müssen noch viele politische und ökonomische Hürden bewältigt werden. Reformbedürftig sind weiterhin das Steuersystem, der Personalbestand der öffentlichen Verwaltung, die Privatisierung der Staatsbetriebe sowie die Schaffung von Investitionsanreizen für das Ausland. Ein im Jahr 2010 von Ökonomen ausgearbeiteter Reformplan thematisierte unlängst die bekannten Schwachstellen, eine Umsetzung erfolgte aber bisher nicht.[42]

4.2.1 Beziehungen zwischen Kroatien und der EU

Erstmals tritt die EU 1992 in diplomatische Beziehungen mit Zagreb, doch vertieft sich die Beziehung erst mit dem Regierungswechsel im Jahr 2000. Das Ziel der neuen Re-

---

[40] Vgl. Handelsblatt: Kroatien tritt 2013 der EU bei (abgerufen am 09.12.2011), auf:
http://www.handelsblatt.com/politik/international/vertragsunterzeichnung-kroatien-tritt-2013-der-eu-bei/5940900.html (20.01.2012)
[41] Vgl. Der Tagesspiegel: Kroatien stimmt EU-Beitritt zu (22.01.2012), auf http://www.tagesspiegel.de/politik/volksabstimmung-kroatien-stimmt-eu-beitritt-zu/6097450.html (abgerufen am 23.01.2012)
[42] Vgl. NZZ Online: Aufgestauter Reformbedarf in Kroatien (24.07.2011), auf:
http://www.nzz.ch/nachrichten/wirtschaft/aktuell/aufgestauter_reformbedarf_in_kroatien_1.11034661.html (abgerufen am 11.12.2011)

gierung ist die Aufnahme in das europäische Stabilisierungs- und Assoziierungsab-kommen, welches im Oktober 2001 unterzeichnet wurde und somit den ersten Schritt in Richtung EU-Beitritt darstellt.

Im Rahmen einer Heranführungsstrategie, die sich mit der Einbindung südosteuropäi-scher Länder in den Prozess der Stabilisierung und Assoziierung befasst, wird Kroatien bereits Ende 2001 Teil des CARDS-Programms. Es erhält erste finanzielle Unterstüt-zung, um damit Projekte in den Bereichen Rückführung von Flüchtlingen, Wirtschaft, Soziales, Legislative und Integrationsförderung zu finanzieren. Mit dieser Hilfe reicht Kroatien am 21. Februar 2003 seinen Beitrittsantrag ein, welcher durch den EU-Rat im Juni 2004 als befürwortet erklärt wird. Ende 2004 erfolgt der Beschluss, dass im April 2005 mit den Beitrittsverhandlungen begonnen werden kann, sofern Kroatien mit dem UN-Kriegsverbrechertribunal in Den Haag aufgrund der Verfolgung ehemaliger Kriegsverbrecher der jugoslawischen Kriege zusammenarbeitet.

Unter Verzögerung, ausgelöst durch einige Diskrepanzen zwischen Zagreb und dem Internationalen Gerichtshof, erfolgt im Oktober 2005 die offizielle Eröffnung der Bei-trittsverhandlungen. Das sogenannte Screening-Verfahren (vgl. Kapitel 2.4.3.2) wurde eingeleitet und ein Jahr später abgeschlossen. In den folgenden Jahren wurden verschie-denste Beitrittskapitel (s. Kapitel 2.4.3.1) eröffnet und zum Teil bereits vervollständigt. Im November 2009 sind 28 von 35 Kapiteln eröffnet worden, 15 davon abgeschlossen. Im April 2010 sind es bereits 18 und Ende Juli 2011 alle. Somit soll Kroatien gem. EU-Kommission im Juli 2013 der EU beitreten.[43]

4.3 Wirtschaft und wirtschaftliche Lage Kroatiens 2008 - 2010

Als heranwachsendes Industrieland spielt der Dienstleistungssektor eine relevante wirt-schaftliche Rolle. Der wichtigste Zweig der Dienstleitungsbranche ist der Tourismus[44]. Die Wirtschaft Kroatiens setzt sich zu 66 % aus Dienstleistungen, 28 % Industrie und 6 % Landwirtschaft zusammen[45]. Auch Kroatien war von den Folgen der Finanzkrise stark betroffen und musste Rückschläge beim Wirtschaftswachstum und im Außenhan-del hinnehmen, ebenso im Bankensektor. Mit einem kommenden EU-Beitritt und der

---

[43] Vgl. MFEA: EU - Croatia Relations Cronology, auf http://www.mvep.hr/ei/default.asp?ru=378&sid=&akcija=&jezik=2 (abgerufen am 12.01.2012)
[44] Vgl. Auswärtiges Amt Kroatien: Wirtschaftspolitik (Januar 2012), auf: http://www.auswaertiges-amt.de/DE/Aussenpolitik/Laender/Laenderinfos/Kroatien/Wirtschaft_node.html (abgerufen am 10.02.2012)
[45] Vgl. Welt auf einen Blick: Wirtschaft (01.12.2009), auf: http://www.welt-auf-einen-blick.de/wirtschaft/bsp-sektoren.php (abgerufen am 05.01.2012)

allgemeinen Erholungsphase Europas sollten sich aber neue Wirtschaftsimpulse bilden. Die Industrie befindet sich weiterhin in einem Transformationsprozess, der sie im Hinblick auf Konkurrenzfähigkeit und Qualität der Produkte auf den internationalen Markt vorbereiten soll.

In Kroatien herrscht eine starke regionale Differenz der Wirtschaftskraft. Die Regionen Dalmatien und die Grenzregionen zu Bosnien und Herzegowina weisen starke Defizite im Gegensatz zum eher wohlhabend nordkroatischen Teil um Zagreb und Istrien auf. Der Hauptteil des Außenhandels wird mit den Staaten der EU abgewickelt.[46]

Währung:

Die Kroatische Kuna blieb in ihrer Wertung zum Euro stabil (s. Abbildung 7). Hintergrund dafür sind die durch die kroatische Zentralbank getätigten Devisenmarktinterventionen zur Stabilisierung der Währung[47].

Abbildung 7: Wechselkurs Kuna zum Euro (Quelle: EuroStat)

---

[46] Vgl. Auswärtiges Amt Kroatien: Wirtschaftspolitik (Januar 2012), auf: http://www.auswaertiges-amt.de/DE/Aussenpolitik/Laender/Laenderinfos/Kroatien/Wirtschaft_node.html (abgerufen am 10.02.2012)
[47] Vgl. Fuster, Thomas: Aufgestauter Reformbedarf in Kroatien (24.06.2011), auf http://www.nzz.ch/nachrichten/wirtschaft/aktuell/aufgestauter_reformbedarf_in_kroatien_1.11034661.html (abgerufen am 09.02.2012)
[47] Vgl. Fuster, Thomas: Aufgestauter Reformbedarf in Kroatien (24.06.2011), auf http://www.nzz.ch/nachrichten/wirtschaft/aktuell/aufgestauter_reformbedarf_in_kroatien_1.11034661.html (abgerufen am 09.02.2012)

Wirtschaftliche Entwicklung:

Das anhaltende Wirtschaftswachstum wurde infolge der Finanzkrise stark beeinflusst. So wies das BIP im Jahr 2009 einen Rückgang von mehr als 6 % und 2010 einen Rückgang von 1,2 % auf (s. Abbildung 9). Lag das BIP 2008 noch bei 47,8 Mrd. Euro, waren es 2010 45,9 Mrd. Euro (s. Abbildung 8). Für 2011 wird ein moderates Wachstum erwartet und deutet damit auf die Überwindung der Krise. Die Produktionen der Industrie sind rückläufig und der Konsum der privaten Haushalte bleibt hinter den Erwartungen zurück. Hinzu kommen eine belastend hohe Arbeitslosigkeit sowie ausbleibende Exportzuwächse aufgrund mangelnder Wettbewerbsfähigkeit der Unternehmen. Als Hauptgründe werden fehlende strukturelle Veränderungen genannt.[48]

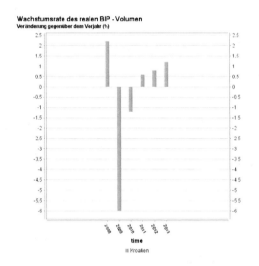 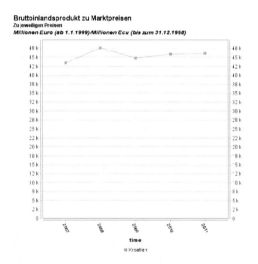

Abbildung 9: Bruttoinlandsprodukt Veränderung in Prozent (Quelle: EuroStat) **Abbildung 8: Bruttoinlandsprodukt zu Marktpreisen Kroatien (Quelle: EuroStat)**

Bei 4,29 Mio. Einwohnern lag das BIP pro Kopf im Jahr 2008 bei 10.683 Euro, sank jedoch 2010 auf 10.361 Euro ab und befindet sich weit unter dem EU-Durchschnitt.

---

[48] vgl.: Raiffeisen Bank International: Erwachen der kroatischen Wirtschaft aus dem Winterschlaf ab Sommer (18.05.2011), auf: http://www.rbinternational.com/eBusiness/rzb_template2/677012584775275435-677012584775275436_677257721308776330_702721704127697801-735193576417026258-NA-9-DE.html (abgerufen am 15.02.2012)

Das BIP setzt sich aus

- 5,5 % Landwirtschaft
- 24,4 % Industrie
- 70,1 % Dienstleistungen

zusammen.[49]

Infolge erhöhter Lebensmittelpreise im Jahr 2008 lag die Inflationsrate bei 6,1 %, konnte aber im Folgejahr auf 2,4 % gesenkt werden und erreichte 2010 den niedrigsten Wert mit 1,3 %. Für 2011 wird ein leichter Anstieg auf 2,5 % prognostiziert.

Aufgrund der strukturellen Schwäche und fehlender Reformen am Arbeitsmarkt befindet sich die Arbeitslosenquote auf hohem Niveau und erlebt eine Erhöhung von 9,6 % in 2008 und auf 11,8 % in 2010. Für die Folgejahre werden ähnliche Werte erwartet.

Der Durchschnittslohn lag 2010 bei umgerechnet 712 Euro im Monat.

Der Haushaltssaldo Kroatiens ist steigend negativ und erreichte 2010 4 % des BIP.

Dies wirkt sich ebenfalls negativ auf das Staatsdefizit aus, welches von 33,5 % des BIP in 2008 auf 39,1 % des BIP in 2010 anstieg.[50]

Die Außenhandelsbilanz Kroatiens stellt sich wie folgt dar:

Tabelle 3: Außenhandel Kroatiens 2008 - 2010

Außenhandel (Mio. Euro)

	2008	%	2009	%	2010	%
Einfuhr	20.817	+10,5	15.220	-26,9	15.137	-0,5
Ausfuhr	9.585	+6,5	7.529	-21,5	8.905	+18,3
Saldo	-11.232		-7.691		-6.232	

Zwischen 2008 und 2009 erfolgte ein starker Einbruch der Im- und Exporte. Gründe dieses Rückgangs waren die Wirtschaftskrise und eine mangelnde Nachfrage nach EU-Produkten. Als Mitglied der „Central European Free Trade Agreement" (Freihandelsabkommen mehrerer Balkanstaaten[51]) konnte Kroatien seine Exporte zumindest im süd-

---

[49] Vgl. o. V.: The World Factbook: Croatia (20.01.2012), auf: https://www.cia.gov/library/publications/the-world-factbook/geos/hr.html (abgerufen am 15.02.2012)
[50] Vgl. Germany Trade und Invest: Wirtschaftsdaten kompakt Kroatien (November 2011), auf: http://www.gtai.de/GTAI/Content/DE/Trade/Fachdaten/MKT/2008/06/mkt20080612193516_159920.pdf (abgerufen am 14.01.2012)
[51] Vgl. o. V.: About CEFTA (o.J.), auf: http://cefta.net/ (15.02.2012)

osteuropäischen Raum etwas ausbauen[52]. 2010 stellte die EU 61,1 % aller Hauptabnehmerländer.

Seit 2007 ist die Gesamtsumme ausländischer Direktinvestitionen von 17,6 Mrd. Euro auf 24,5 Mrd. Euro in 2010 angestiegen. Die Kapitalzuflüsse haben jedoch abgenommen (von 4,2 Mrd. Euro auf 0,4 Mrd. Euro). Der Finanzsektor konnte mit 35 % den größten Zufluss aller Direktinvestitionen verzeichnen.

Betrachtet man die Auslandsverschuldung Kroatiens, ist ein bedeutender Anstieg festzustellen. Seit 1998 haben sich die Schulden des Landes vervierfacht und lagen 2010 bei 45,8 Mrd. Euro. Diese entsprechen dem Bruttoinlandsprodukt des Landes, somit gilt Kroatien als hoch verschuldet.[53]

4.4 Zusammenfassung des Fortschrittsberichts vom 9. November 2010[54]

Mit diesem Fortschrittsbericht hat die EU bereits festgestellt, dass sich die Verhandlungen in ihrer Endphase befinden. Im Dezember 2011 wurde der Beitrittsvertrag von Kroatien unterzeichnet.

Politische Kriterien:

Die politischen Kriterien werden weiterhin von Kroatien erfüllt. Hervorzuheben sind hierbei wichtige Fortschritte bei der Erfüllung des 23. Kapitels (Justiz und Grundrechte). Neue Rechtsvorschriften konnten die Unabhängigkeit der Justiz weiter stärken und den Rückstau vieler Gerichtsverfahren verringern. Das Amt für die Bekämpfung von Korruption und organisierte Kriminalität (USKOK) verzeichnete erste Erfolge und konnte einige hochrangige und in Korruptionsfälle verwickelte Politiker vor Gericht bringen. Des Weiteren konnte Kroatien seine bilateralen Beziehungen in der Balkanregion verbessern. Weiterer Anstrengungen bedarf es in den Bereichen der Justiz- und Verwaltungsreformen, Minderheitenrechte, Flüchtlingsrückkehr und Kriegsverbrechen. Hierbei ist die umfassende Zusammenarbeit mit dem Internationalen Strafgerichtshof für das ehemalige Jugoslawien (IStGHJ) unumgänglich. Wichtige Justizreformen bei

---

[52] Vgl. Germany Trade und Invest: Kroatiens Außenhandel soll 2010 wieder leicht anziehen (08.02.2010), auf:
http://www.gtai.de/GTAI/Navigation/DE/Trade/maerkte,did=66940.html (abgerufen am 15.02.2012)
[53] Vgl. Eurasisches Magazin: „Wer Kroatien kennt, lernt Griechenland schätzen" (31.12.2009), auf:
http://www.eurasischesmagazin.de/artikel/?artikelID=20100107 (abgerufen am 20.02.2012)
[54] Vgl. Europäische Kommission: Wichtigste Ergebnisse des Fortschrittsberichts über Kroatien (Memo/10/558 09.11.2010), auf:
http://europa.eu/rapid/pressReleasesAction.do?reference=MEMO/10/558&format=HTML&aged=0&language=DE&guiLanguage=
en (abgerufen am 10.12.2011)

der Ernennung von Richtern und Staatsanwälten sind erforderlich, um die rückständigen Verfahren sowie deren Dauer und die Durchsetzung gerichtlicher Entscheidungen voranzutreiben. Trotz der Erfolge der USKOK ist Korruption immer noch in vielen Bereichen verbreitet. Die durch die Reformen gebildeten neuen Strukturen und Instrumente müssen sich nun in der Praxis bewähren. Besonders gilt dies für die Gerichte, welche jetzt einer zunehmenden Komplexität der Rechtssachen gegenüberstehen.

Für die Reformen in der öffentlichen Verwaltung fehlt es an politischem Engagement und Koordinierung zwischen den wichtigsten Akteuren.

Wirtschaftliche Kriterien

Kroatien hat eine funktionierende Marktwirtschaft und ist damit in der Lage, dem Wettbewerbsdruck und den Marktkräften innerhalb der EU standzuhalten, wenn die Reformprogramme (z. B. am Arbeitsmarkt, der Justiz) umgesetzt und strukturelle Schwächen (z. B. Korruption, Eingriffe des Staates, langsam arbeitende Gerichte)[55] der Wirtschaft verringert werden. Durch die Wirtschafts- und Finanzkrise geriet auch Kroatien in eine Rezession und ließ bis 2010 keine deutlichen Anzeichen für eine Erholung der Wirtschaft erkennen. Arbeitslosigkeit, das Haushaltsdefizit und die Staatsverschuldung sind stark angestiegen. Auch die Außenverschuldung erfuhr einen enormen Anstieg und stellt immer noch eine Schwachstelle der Wirtschaft dar. Aufgrund entsprechender Maßnahmen durch die Zentralbank konnte die Währung stabilisiert werden und der Finanzsektor die Krise verhältnismäßig unbeschadet überstehen. Ein mittelfristig orientiertes Konjunkturprogramm bedarf daher einer wirksamen Umsetzung. Der Arbeitsmarkt stagniert immer noch. Aufgrund von Bürokratie und parafiskalischen Abgaben ist das Investitionsklima weiterhin beeinträchtigt. Hier müssen Maßnahmen getroffen werden, um dem entgegenzuwirken. Außerdem müssen die öffentlichen Ausgaben effizienter gestaltet werden. Um mittelfristig finanzpolitische Stabilität zu erreichen, sollen die Verbesserung des Haushaltsverfahrens und die Haushaltsdisziplin höchste Priorität haben.

---

[55] Vgl. o. V.: Kroatien Strukturschwächen (19.11.2010), auf: http://www.fuchsbriefe.de/?gonl=18&gober=einzelart&viewart=29995 (abgerufen am 15.01.2012)

EU-Recht

Kroatien ist bei der Erfüllung der EU-Anforderungen gut vorangekommen. In allen wichtigen Bereichen konnten weitere Fortschritte erzielt werden. Um die EU-Rechtsvorschriften und -Standards sowie die Verwendung der EU-Mittel ordnungsgemäß anzuwenden, müssen die erforderlichen Verwaltungskapazitäten weiter ausgebaut werden.

Die nachfolgende Zeitleiste (s. Abbildung 8) zeigt zusammenfassend, welche Aufgaben Kroatien bis zu einem EU-Beitritt noch zu bewältigen hat.

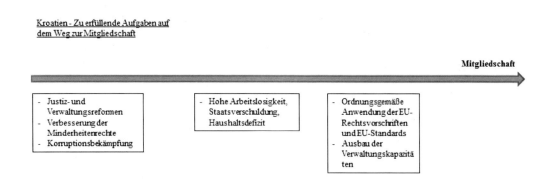

Abbildung 10: Zu erfüllende Aufgaben Kroatiens bis zum Beitritt in die EU (Quelle: Eigene Darstellung)

5. Türkei

5.1 Die Bevölkerung der Türkei

Gemäß der letzten Volkszählung (Stand 31.12.2010) leben in der Türkei 73.722.988 Millionen Menschen. Das Durchschnittsalter der Bevölkerung liegt bei 29,2 Jahren. Da bei der Volkszählung Ethnien nicht erfasst werden, gibt es in diesem Bereich nur Schätzungen. Im Land leben Türken, Kurden, Zaza, Tscherkessen, Bosniaken, Araber, Albaner und einige weitere Volksgruppen. Die Landessprache ist Türkisch. In einzelnen Teilen des Landes sind aber auch verschiedene kurdische Sprachen gebräuchlich. Der Hauptteil der Bevölkerung sind Muslime (99 %).[56]

5.2 Staatsaufbau/Innen- und Außenpolitik der Türkei

Das politische System der Türkei basiert auf der Verfassung von 1982. Die Türkei ist ein „nationaler, demokratischer, laizistischer und sozialer Rechtsstaat". Die Staatsform ist als parlamentarische Demokratie zu bezeichnen. Oberhaupt des Staates ist der Staatspräsident Abdullah Gül (seit 28.08.2007). Die Regierungsgeschäfte werden durch den Ministerrat geführt. Dieser besteht aus dem Ministerpräsidenten (Recep Tayyip Erdoğan) und dem von ihm gewählten Minister. Das Parlament hat eine Kammer von 550 Sitzen. Die Verwaltung des Landes, welches in 81 Provinzen unterteilt ist, erfolgt zentralisiert in Ankara. Jede Provinz gliedert sich nochmals in Landkreise auf. Städte und Gemeinden werden lokal verwaltet und finanzieren sich durch die Zentralregierung.[57]

5.2.1 Staatsaufbau/Innenpolitik

Die Türkei ist heute eine moderne und demokratische Industrie- und Dienstleistungsgesellschaft. Durch den tief verwurzelten Islam finden sich jedoch viele politische, wirtschaftliche und soziale Gegensätze. Aufgrund des Laizismus erfolgt eine strikte Trennung zwischen Staat und der Religion. Allerdings wird der Islam durch das Amt für religiöse Angelegenheiten kontrolliert, was gelegentlich zu innenpolitischen Auseinandersetzungen führt. Weitere politische Probleme stellen die Rechte der kurdisch stämmigen Bevölkerung und die Anerkennung der Aleviten als eigene Religionsgemeinschaft dar.

Der Beitritt zur EU ist priorisiertes Ziel der Regierung und soll durch eine Reformpolitik ermöglicht werden, die neue Verfassung wird bereits ausgearbeitet. Ein weiterer wichtiger Punkt der türkischen Innenpolitik ist die Landessicherheit in Bezug zum Kurden-Konflikt. Laut Verfassung sind alle Individuen gleichberechtigt, jedoch kommt es im Osten und Südosten der Türkei immer wieder zu Auseinandersetzungen zwischen

---

[56] Vgl. Türkei Information: Türkei – Menschen und Kulturen, auf: http://www.tuerkei-information.de/12-Leute.html (abgerufen am 10.02.2012)

[57] Vgl. Auswärtiges Amt Türkei: Staatsaufbau/Innenpolitik (Oktober 2011), auf: http://www.auswaertiges-amt.de/sid_517FD8FC31C1F3B431F1D57B23EC97D3/DE/Aussenpolitik/Laender/Laenderinfos/Tuerkei/Innenpolitik_node.html (abgerufen am 15.12.2011)

der Armee und der kurdischen PKK (Terrororganisation). Mit dem Prozess der demokratischen Eröffnung (generelle Demokratisierung der Türkei) erhofft sich die Regierung eine Überwindung des Konflikts. Um im Beitrittsprozess voranzukommen, musste die Regierung im Bereich der Menschenrechte einige Veränderungen vornehmen. Dazu zählten die Abschaffung der Todesstrafe, die Abschaffung der Bestrafung durch Folter und die Beendigung der gesetzlichen Diskriminierung von Frauen. Die letztgenannte Reform schaffte in vielen rechtlichen Bereichen eine Gleichstellung zwischen Männern und Frauen.

In der Realität werden aber nicht alle Reformen umgesetzt und angewendet. Die moderne Lebensweise in den Städten steht der stark konservativen Lebensweise in den ländlichen Gebieten gegenüber.[58]

5.2.2 Außenpolitik

Die Grundprinzipien der türkischen Außenpolitik sind westlich orientiert. Es herrscht eine aktive und engagierte Pflege der Beziehung zu den Nachbarstaaten. Auch international ist die Türkei zunehmend engagiert. Man leistet Entwicklungshilfe, unterstützt Hilfsaktionen (Libyen, Somalia) oder trägt zur Krisenprävention in Afghanistan, Bosnien und dem Kosovo bei. Durch die politische, soziale und wirtschaftlich moderne Außenwirkung hat die Türkei im arabischen Raum eine Vorbildrolle übernommen. Trotz guter Kontakte nach Syrien werden die dortigen Konflikte nicht geduldet. Aufgrund des israelischen Angriffs auf eine GAZA-Hilfsflottille im März 2010 wurden die diplomatischen Beziehungen und die militärischen Abkommen ausgesetzt. Das Verhältnis zum Nachbarland Iran ist zwiespältig. Zum einen wird das Nuklearprogramm abgelehnt, zum anderen versucht die Türkei, den Iran bei der Bekämpfung der PKK im Nordirak einzubinden. Infolge der Terrorbekämpfung im Nahen Osten durch die USA herrscht zwischen beiden Ländern eine vertrauensvolle Zusammenarbeit im Sicherheitsbereich. Ein bilaterales Abkommen über die Stationierung von Radaranlagen wurde unterzeichnet. Die wirtschaftliche Beziehung steht aber im Hintergrund. Der Türkei ist es seit einigen Jahren möglich, das Verhältnis zu Russland zu intensivieren. Es herrscht Visa-

---

[58] Vgl. Auswärtiges Amt Türkei: Staatsaufbau/Innenpolitik (Oktober 2011), auf: http://www.auswaertiges-amt.de/sid_517FD8FC31C1F3B431F1D57B23EC97D3/DE/Aussenpolitik/Laender/Laenderinfos/Tuerkei/Innenpolitik_node.html (abgerufen am 15.12.2011)

freiheit und ein Atomkraftwerk soll mit russischer Hilfe erbaut werden. Außerdem stellt Russland den wichtigsten Energielieferanten dar.

Weitere Themen der türkischen Außenpolitik sind der südosteuropäische Kooperationsprozess (SEECP) und die Beteiligung am Stabilitätspakt Südosteuropas.[59]

5.2.3 Beziehungen der Türkei zur EU

Eine Beziehung zwischen der EU und der Türkei besteht seit Jahrzehnten. Mit Ende des Zweiten Weltkrieges wird die Türkei im Jahr 1949 Mitglied des Europarates. 1963 erfolgt die Mitgliedschaft in der EWG. Hierdurch wurde der Türkei schon sehr früh eine Vollmitgliedschaft in der Union in Aussicht gestellt. 1987 erfolgte der Antrag auf Aufnahme in die EG. Die Türkei beteiligte sich an der Erarbeitung einer europäischen Verfassung. 1999 wurde ihr der offizielle Kandidatenstatus verliehen.[60]

5.3 Wirtschaft und wirtschaftliche Lage der Türkei 2008 - 2011

Die Türkei ist die sechstgrößte Volkswirtschaften Europas und vollzog in den letzten Jahren eine Transformation von der staatlichen Planwirtschaft zu einer freien Marktwirtschaft. Zahlreiche staatliche Unternehmen wurden privatisiert. Der damals wichtige Agrarsektor verlor an Bedeutung und musste dem Dienstleistungssektor weichen. Die Wirtschaft setzt sich heute aus 60 % Dienstleistungen, 30 % Industrie und nur noch 10 % Landwirtschaft zusammen. Die wichtigsten Zweige im Dienstleistungssektor sind der Tourismus, der Finanzsektor und der Großhandel.

Die Textilindustrie stellt den größten Teil des industriellen Sektors dar. Weitere wichtige Bereiche sind die Automobil- und Elektroindustrie. Obwohl die Landwirtschaft nur etwa 10 % der Wirtschaft ausmacht, beschäftigt sie ca. ein Drittel aller türkischen Arbeitskräfte. Ähnlich wie in Kroatien gibt es in der Türkei ein starkes regionales Gefälle der Wirtschaftskraft. Während die westliche Türkei in und um Istanbul gute Fortschritte in ihrer wirtschaftlichen und strukturellen Entwicklung macht, ist der agrarisch strukturierte Osten des Landes unterentwickelt. Dies führt dazu, dass eine hohe Abwanderung in den ländlichen Gebieten stattfindet und die Menschen in die Städte und industriellen

---

[59] Vgl. Auswärtiges Amt Türkei: Außenpolitik (Oktober 2011), auf: http://www.auswaertiges-amt.de/sid_242E6AE5F5D595A320AD3F8591700C09/DE/Aussenpolitik/Laender/Laenderinfos/Tuerkei/Aussenpolitik_node.html (abgerufen am 10.01.2012)
[60] Vgl. BPB: Chronologie der Beitrittsverhandlungen (Franz, Dr. E., 17.07.2006), auf: http://www.bpb.de/themen/LCD38U,0,0,Chronologie_der_Beitrittsverhandlungen.html (abgerufen am 10.01.2012)

Zentren getrieben werden. Das Land, besonders die junge Bevölkerung, leidet unter einer hohen Arbeitslosigkeit.[61]

Auch die Türkei wurde von der Finanzkrise getroffen. Diese erfasste weniger den Bankensektor, vielmehr mangelte es der Türkei an dringend benötigten Kapitalzuflüssen, um den Wirtschaftsaufschwung der Vorkrisenzeit aufrechtzuerhalten. Hinzukam die schlechte Länderbonität. 2009 brach die türkische Wirtschaft um ca. 5 % ein. Eine finanzielle Hilfe durch den IWF lehnte die Türkei ab. Die Regierung unternahm wichtige Schritte, um die Wirtschaft wieder zu stabilisieren. Temporäre Senkung der Mehrwertsteuer und die Abnahme des Arbeitgeberanteils an der Sozialversicherung sowie bessere Abschreibungsregelungen führten bereits 2010 wieder zu einem konjunkturellen Aufschwung.[62]

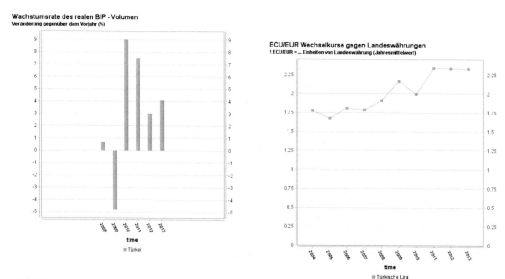

Abbildung 11: Veränderung des BIP in % und Wechselkurs der türkischen Lira zum Euro (Quelle. EuroStat)

[61] Vgl. Türkei News: Die Wirtschaft der Türkei, auf: http://www.tuerkei-news.de/wirtschaft/ (abgerufen am 11.02.2012)
[62] Vgl. Welt Online: Die Türkei hat in der Krise schwer zu kämpfen (Geive und Jost, 08.10.2009), auf: http://www.welt.de/wirtschaft/article4722376/Die-Tuerkei-hat-in-der-Krise-schwer-zu-kaempfen.html (abgerufen am 10.01.2012)

Währung:

Seit der Finanzkrise hat die türkische Lira gegenüber dem Euro stark an Wert verloren, jedoch versucht die türkische Zentralbank dem mit dem Verkauf von Währungsreserven entgegenzuwirken (s. Abbildung 9).[63]

Wirtschaftliche Entwicklung:

Wie bereits erwähnt, erlitt die Wirtschaft 2009 einen Einschnitt infolge der Finanzkrise. 2008 noch bei 727,8 Mrd. USD, sank das BIP 2009 auf 616,7 Mrd. USD – ein Einbruch um 4,8 % (s. Abbildung 9). Jedoch zeigten die Konjunkturprogramme der Regierung Wirkung mit einem Wachstumsplus von 9 % in 2010. Auch 2011 und 2012 wird ein positiver Wert erwartet.

Das BIP setzt sich aus

- 9,2 % Landwirtschaft
- 26,9 % Industrie
- 63,9 % Dienstleistungen[64]

zusammen. Mit 73,7 Mio. entspricht das BIP pro Kopf 2010 9.944 USD und liegt wiederum deutlich unter dem EU-Durchschnitt.

Die Inflationsrate ist weiterhin auf hohem Niveau und stieg von 2009 mit 6,3 % auf 11,9 % in 2010 an. Auch die prognostizierten Werte für die Folgejahre liegen über 6 %. Von der ersten Wirtschaftskrise (2001) an hat die Türkei mit einer hohen Arbeitslosigkeit zu kämpfen. Seit 2002 liegt sie im Schnitt bei über 10 %. Gerade in den ländlichen Regionen herrscht eine schlechte Bildung unter der jüngeren Bevölkerung, die nun durch die Industrialisierung wenige Chancen am Arbeitsmarkt haben. Der Durchschnittslohn lag 2010 bei umgerechnet 774,08 Euro im Monat.

Der Haushaltssaldo sank von -1,9 % des BIP 2008 auf -3,6 % des BIP im Jahr 2010.

---

[63] Vgl. Deutsch Türkische Nachrichten: Aufschwung der türkischen Lira: Erdogans riskantes Experiment (25.01.2012), auf: http://www.deutsch-tuerkische-nachrichten.de/2012/01/349896/aufschwung-der-tuerkischen-lira-erdogans-riskantes-experiment-2/ (abgerufen am 10.02.2012)
[64] Vgl. o. V.: The World Factbook: Turkey (20.01.2012), auf https://www.cia.gov/library/publications/the-world-factbook/geos/tu.html (abgerufen am 15.02.2012)

Anhand der Abbildung 10 ist ein deutlicher Anstieg der Staatsverschuldung ersichtlich, der jedoch seit der Krise stagniert.

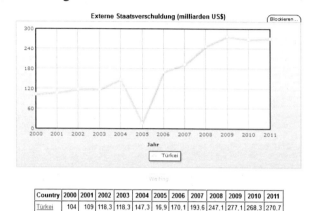

Country	2000	2001	2002	2003	2004	2005	2006	2007	2008	2009	2010	2011
Türkei	104	109	118,3	118,3	147,3	16,9	170,1	193,6	247,1	277,1	268,3	270,7

Abbildung 12: Externe Staatsverschuldung der Türkei (Quelle: IndexMundi)

Der Außenhandel stellt sich wie folgt dar:

Tabelle 4: Außenhandel der Türkei 2008 - 2010

Außenhandel (in Mrd. $)

	2008	%	2009	%	2010	%
Ausfuhr	132,0	+23,0	102,1	-23	113,9	+12,0
Einfuhr	202,0	+19,0	140,9	-30	185,5	+32,0
Saldo	-70,0		-38,8		-71,6	

Die Handelsbilanz ist weiterhin negativ. 2009 wird deutlich, wie anfällig die Türkei auf externe Krisen reagiert. Im- und Exporte brachen um bis zu 30 % ein, die EU hat daran einen Anteil von 40 - 50 %.

Die Zurückhaltung am Kapitalmarkt wird 2009 mit einem starken Rückgang der ADI sehr deutlich. 2011 zeigt sich jedoch, dass die Krise überwunden wurde und die Türkei wieder für ADI attraktiv wird. Rund 12,4 Mrd. USD der insgesamt 15,8 Mrd USD an ADI stammen aus der EU.

Die berechnete Länderbonität laut Institutional Investor stieg von September 2009 bis November 2011 von Rang 67 auf Rang 60.[65][66]

---

[65] Vgl. Germany Trade und Invest: Wirtschaftsdaten kompakt Türkei (November 2011), auf:
http://www.gtai.de/GTAI/Content/DE/Trade/Fachdaten/PUB/2011/11/pub201111248002_159220.pdf (abgerufen am 12.02.2012)

5.4 Zusammenfassung des Fortschrittsberichts vom 9. November 2010[67]

Politische Kriterien:

Die politischen Kriterien werden von der Türkei ausreichend erfüllt. Wie das am 12. September 2010 durch Wahlen anerkannte Verfassungspaket konnten die Voraussetzungen für weitere Fortschritte im Bereich Justiz, Grundrechte und öffentliche Verwaltung geschaffen werden. Folgende Veränderungen wurden bereits durchgeführt:

- Einschränkung der Zuständigkeit von Militärgerichten
- Umstrukturierung des Verfassungsgerichtes
- Erweiterung der Zusammensetzung des Hohen Rates der Richter und Staatsanwälte
- Ausweitung der Gewerkschaftsrechte im öffentlichen Sektor
- Grundlagenschaffung von Maßnahmen zum Schutz der Rechte von Frauen und Kindern
- Gewährleistung des Schutzes personenbezogener Daten
- Einführung des Rechtes auf Beschwerde bei einem Ombudsmann

Erhebliche Anstrengungen bedarf es aber immer noch im Bereich der Grundrechte. Mangelnde Pressefreiheit, Beschränkung nicht muslimischer Religionsgemeinschaften und die Kurdenfrage sind nur einige Beispiele. Was den Bereich internationaler Verpflichtungen angeht, ist immer noch eine Lösung im Konflikt mit Zypern nötig. Die Verpflichtungen des Zusatzprotokolls zum Assoziierungsabkommen sind bislang nicht erfüllt worden. Die Kommission weist deutlich darauf hin, dass die bilateralen Beziehungen beider Länder dringend eine Normalisierung erfahren müssen. Durch die Verletzung der Hoheitsgewässer und des Luftraums Griechenlands bestehen außenpolitische Spannungen.

Wirtschaftliche Kriterien:

Die Kommission stellt fest, dass die Türkei mittelfristig in der Lage ist, dem Wettbewerbsdruck und den Marktkräften innerhalb der EU standzuhalten, vorausgesetzt, dass

[66] Vgl. Die Welt Online: Die Türkei hat in der Krise schwer zu kämpfen (Geive und Jost,08.10.2009), auf: http://www.welt.de/wirtschaft/article4722376/Die-Tuerkei-hat-in-der-Krise-schwer-zu-kaempfen.html (abgerufen am 10.01.2012)
[67] Vgl. Europäische Kommission: Wichtigste Ergebnisse des Fortschrittsberichts über die Türkei (Memo/10/562 09.11.2010), auf: http://europa.eu/rapid/pressReleasesAction.do?reference=MEMO/10/562&format=HTML&aged=0&language=DE&guiLanguage=en (abgerufen am 10.01.2012)

das Reformprogramm abgeschlossen wird und strukturelle Defizite damit beseitigt werden. Das positive Wirtschaftswachstum 2010 zeigt die Abwendung der Finanzwirtschaftskrise. Im öffentlichen und privaten Sektor kann ohne Probleme externes Kapital aufgenommen werden. Die Handels- und Wirtschaftsintegration ist weiterhin auf hohem Niveau. Die Türkei ist auch auf neuen Märkten präsent. Im Bereich der Privatisierung und der Wirtschaftsreformen gab es nur langsame Fortschritte. Die Arbeitslosenquote liegt über Vorkrisenniveau, es herrscht außenwirtschaftliches Ungleichgewicht und der Finanzierungsbedarf ist erhöht. Gerade kleinen und mittelständischen Unternehmen wird der Zugang zu neuem Kapital erschwert.

EU Recht:

Die Türkei kann Rechts- und Verwaltungsvorschriften weiter an die der EU angleichen. Mit der Verabschiedung des „Gesetzes über staatliche Beihilfen" wurde ein wichtiger Schritt bei den Beitrittsverhandlungen im Wettbewerbsbereich getan. Angleichungsbedarf besteht in den Sektoren Fischerei, Sozialpolitik, also auch Justiz und Inneres. Handelsstreitigkeiten im Zusammenhang mit der Zollunion bestehen weiterhin. Um die geforderten EU-Rechtsvorschriften anzuwenden und auch durchzusetzen, muss die türkische Verwaltung weiter gestärkt werden. Die Türkei stellt für die EU einen wichtigen Partner im Bereich der Energieversorgungssicherheit dar. Auch der geplante Bau einer neuen Pipeline wird dazu beitragen. Im März 2010 wurde das horizontale Luftverkehrsabkommen paraphiert und führt auch hier zu einer engeren Zusammenarbeit. Immense Fortschritte konnten beim Rückübernahmeabkommen erzielt werden.

In Abbildung 13 sind die von der Türkei noch zu erarbeitenden Maßnahmen bis zu einem EU-Beitritt zusammengefasst.

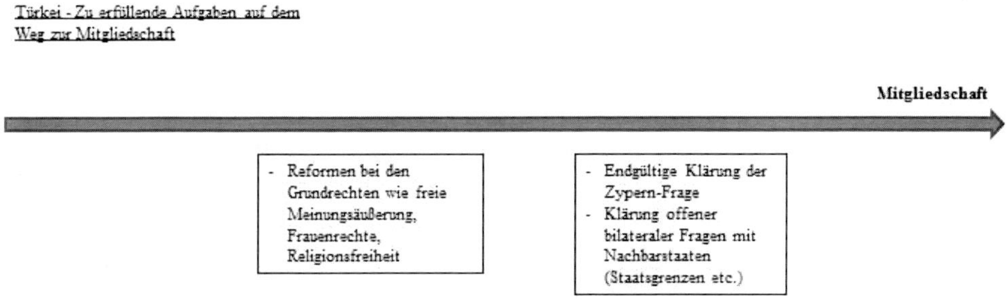
Türkei - Zu erfüllende Aufgaben auf dem Weg zur Mitgliedschaft
Mitgliedschaft
- Reformen bei den Grundrechten wie freie Meinungsäußerung, Frauenrechte, Religionsfreiheit
- Endgültige Klärung der Zypern-Frage
- Klärung offener bilateraler Fragen mit Nachbarstaaten (Staatsgrenzen etc.)

Abbildung 13: Zu erfüllende Aufgaben der Türkei bis zur Mitgliedschaft in der EU (Quelle: Eigene Darstellung)

6. Mazedonien

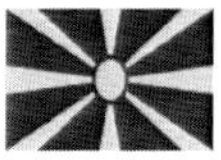

6.1 Die Bevölkerung Mazedoniens

Mazedonien ist ein Vielvölkerstaat und hat, gemäß der letzten Volkszählung im April 2011, eine Gesamtbevölkerung von ca. 2,02 Millionen Einwohnern.
Davon sind 64,2 % ethnische Mazedonier, 25,2 % Albaner, 3,9 % Türken, 2,6 % Roma 1,8 % Serben und wenige Bosniaken und Vlachen. Daran erkennt man, dass Mazedonien ein multiethnischer Staat ist, der insgesamt 24 Volksgruppen vereint.
Dies spiegelt sich auch in der religiösen Vielfalt wider. Die Mehrheit der Bevölkerung gehört der mazedonisch-orthodoxen Kirche an. Türken und Albaner sind meist sunnitische Muslime. Eine geringe Anzahl ist katholisch oder gehört verschiedenen christlichen oder muslimischen Orden an.
Zur Landessprache gehören Mazedonisch, Albanisch, Türkisch, Romani, Serbisch und Walachisch. Mehr als ein Viertel der Gesamtbevölkerung wohnt in der Landeshauptstadt Skopje.[68]

[68] Vgl. Auswärtiges Amt Mazedonien: Ehemalige jugoslawische Republik Mazedonien (März 2011), auf: http://www.auswaertiges-amt.de/DE/Aussenpolitik/Laender/Laenderinfos/01-Nodes_Uebersichtsseiten/Mazedonien_node.html (abgerufen am 10.01.2012)

6.2 Staatsaufbau/Innen- und Außenpolitik Mazedoniens

6.2.1 Staatsaufbau/Innenpolitik

Mazedonien ist eine demokratische, rechtsstaatliche Republik. Das Parlament umfasst eine Kammer von 120 Abgeordneten, die in freier, gleicher und geheimer Wahl für vier Jahre gewählt werden. Es gilt das Verhältniswahlrecht. Die Richter des Verfassungsgerichtshofes werden durch das Parlament gewählt. Für eine Amtszeit von fünf Jahren wählt das Volk den Präsidenten als Staatsoberhaupt. Er nimmt den Vorsitz im Nationalen Sicherheitsrat ein, hat Oberbefehl über die Streitkräfte, im Gesetzgebungsverfahren ein Einspruchsrecht, kontrolliert Medien- und Abwehrdienste und vertritt Mazedonien nach außen. Seit seiner Wahl am 12. Mai 2009 ist Gjorge Ivanov Präsident. Regierungschef ist seit dem 26. August 2006 Nikola Gruevski.

Die Regierung besteht aus einem Premierminister und dessen Ministern. Sie werden durch die Mehrheit der Parlamentsabgeordneten gewählt. Mazedonien ist in sechs große Wahlbezirke gegliedert. Gemäß der Verfassung sind sämtliche Gerichte eigenständig und unabhängig. Richter werden auf Lebenszeit vom Parlament gewählt, Verfassungsrichter für eine Amtszeit von acht Jahren.[69]

6.2.2 Außenpolitik

Eine ausgewogene Beziehung zu den Staaten in Südosteuropa, den EU-Staaten sowie der EU- und NATO-Beitritt sind die wichtigsten Ziele der mazedonischen Außenpolitik. Die Erhebung zum Beitrittskandidaten erfolgte bereits am 17. Dezember 2005. Ein NATO-Beitritt steht jedoch aufgrund des Konfliktes in Bezug auf die Namensgebung Mazedoniens mit Griechenland noch aus. Dieser Konflikt ist der Grund für die noch nicht eröffneten Beitrittsverhandlungen.

Weiterhin pflegt Mazedonien einen engen Kontakt zu den USA, deren Unterstützung im militärischen und sicherheitspolitischen Bereich stattfindet.

Trotz des griechischen Embargos 1995 haben sich die Beziehungen programmatisch und intensiv entwickelt. Durch ein darauffolgendes Interimabkommen beider Staaten

---

[69] Vgl. Auswärtiges Amt Mazedonien: Innenpolitik (März 2011), auf: http://www.auswaertiges-amt.de/sid_9765751A6EC5819C7A59AD4584F58678/DE/Aussenpolitik/Laender/Laenderinfos/Mazedonien/Innenpolitik_node.html (abgerufen am 05.01.2012)

wurde die Nationalflagge Mazedoniens geändert. Der Streit um den Staatsnamen besteht weiterhin aufgrund der Tatsache, dass Griechenland ebenfalls eine Region namens Mazedonien besitzt. Deutliche Verbesserung gab es auch bei den Beziehungen zu Serbien. Nach Deutschland ist Serbien der zweitwichtigste Handelspartner.

Mazedonien hat ebenfalls die Republik Kosovo anerkannt und hier gute diplomatische Beziehungen vorzuweisen.

Trotz der im Jahre 2001 entstandenen nationalen Krise zwischen Albanern und Mazedoniern gibt es über 20 bilaterale Verträge zu Albanien.

Weiterhin beschäftigt sich Mazedonien mit den folgenden außenpolitischen Themen:

- Abschluss zahlreicher Freihandelsabkommen mit Staaten des ehemaligen Jugoslawien
- Mitarbeit in SECI (Südosteuropäische Kooperationsinitiative, vor allem für den Wirtschafts- und Umweltbereich)
- Royaumont-Prozess (der von der Europäischen Union eingeleitete „Prozess über Stabilität und gute Nachbarschaft" in der Region)
- CEI (Zentraleuropäische Initiative)
- SEECP (Südosteuropäischer Kooperationsprozess)
- CEFTA (Zentraleuropäische Freihandelszone)
- Adria-Charter (mit Albanien und Kroatien, gemeinsamer Weg in die NATO)
- RKR (Regionaler Kooperationsrat, seit Februar 2008 Nachfolger des Stabilitätspakts für Südosteuropa)[70]

6.2.3 Beziehungen Mazedoniens zur EU

Die wahrscheinlich erste und wichtigste Phase in der Beziehung von EU und Mazedonien war die Aufnahme Mazedoniens in den Europarat am 9. November 1995. Seit diesem Zeitpunkt konnten die ökonomischen Verbindungen weiter vertieft werden. So folgten 1996 die ersten gemeinsamen Verträge – zum einen die Unterzeichnung des Handels- und Kooperationsprogramms und zum anderen die Aufnahme Mazedoniens in das CARDS- und PHARE-Programm. Beide Programme waren Gemeinschaftshilfen der EU zur Einbindung der ost- und südosteuropäischen Länder. Damit war Mazedoni-

---

[70] Vgl. Auswärtiges Amt Mazedonien: Außenpolitik (März 2011), auf: http://www.auswaertiges-amt.de/DE/Aussenpolitik/Laender/Laenderinfos/Mazedonien/Aussenpolitik_node.html (abgerufen am 12.01.2012)

en in der Lage, Subventionen und Kredite bei der Europäischen Investitionsbank zu beantragen. Ein weiterer Schritt erfolgte am 9. April 2001 mit der Unterzeichnung des Stabilisierungs- und Assoziierungsabkommens. Aufgrund der nationalen Auseinandersetzungen mit der albanischen Minderheit beschlossen die EU-Außenminister am 25. Juni 2001, weitere finanzielle Hilfe nur noch zu leisten, sofern eine politische Lösung für dieses Problem gefunden wird. Daraufhin beschlossen und unterzeichneten die beiden größten mazedonischen und albanischen Parteien den Vertrag von Ohrid (Vertrag über die angemessene Repräsentation der albanischen Minderheit in Mazedonien).

Am 19. und 20. Juni 2003 fand die Tagung des Europäischen Rates in Thessaloniki statt, welche einen weiteren wichtigen Fortschritt für Mazedonien darstellte.

Auf dieser Tagung wurde offiziell der Stabilisierungs- und Assoziierungsprozess für die westlichen Balkanländer bestätigt und stellt diesen, bei Erfüllung der festgelegten Kriterien, die Vollmitgliedschaft in der Union in Aussicht.

Am 22. März 2004 erfolgte Mazedoniens Beitrittsgesuch an die EU. Nach Prüfung und Stellungnahme durch die EU-Kommission wurde am 16. Dezember 2005 der offizielle Kandidatenstatus verliehen.[71]

6.3 Wirtschaft und wirtschaftliche Lage Mazedoniens 2008 - 2010

Mazedonien gehört zu den ärmsten Volkswirtschaften Europas und befindet sich seit dem Zerfall des jugoslawischen Bundesstaates in einem wirtschaftlichen Transformationsprozess. Hauptsächlich ist die Wirtschaft durch Transferzahlungen der im Ausland lebenden Mazedonier und die Landwirtschaft geprägt. Der Agrarsektor bildet ca. 12,1 % der volkswirtschaftlichen Wertschöpfung und trägt 18,6 % der Gesamtbeschäftigung des Landes. Mit einer Wertschöpfung von 29,5 % verliert der Bergbau- und Industriesektor immer mehr an Bedeutung (vgl. 1991: 38,7 %). Die Gründe liegen in dem Zusammenfall der ehemaligen jugoslawischen Staaten und dem damit einhergehenden Verlust der durch die Planwirtschaft aufgeteilten Märkte. Durch diese Umgestaltung des Marktes wurden bzw. werden zahlreiche staatliche Betriebe privatisiert. Allerdings fehlt es an Investoren. Der Dienstleistungssektor hat einen stetig wachsenden Anteil an der Entstehung des BIP. Er beschäftigt 51,9 % der Arbeitnehmer des Landes und trägt mit

---

[71] Vgl. Europäische Kommission: Beziehung zwischen der EU und Mazedonien (2010), auf:
http://ec.europa.eu/enlargement/candidate-countries/the_former_yugoslav_republic_of_macedonia/relation/index_de.htm
(abgerufen am 10.01.2012)

58,4 % zur volkswirtschaftlichen Wertschöpfung bei. Ein Drittel der Dienstleistungen finden jedoch im öffentlichen Dienst statt.

Mazedonien wurde nur gering von der Finanzkrise tangiert. Das lag vor allem an den geringen Verflechtungen des mazedonischen Bankensystems mit dem internationalen Kapitalmarkt. Außerdem haben die Geschäftspraktiken der Banken wenig spekulativen Charakter.

Die Wirtschaft Mazedoniens leidet unter einer hohen Arbeitslosigkeit, mangelnden ADI und einer fehlenden verantwortungsvollen Regierungsführung.

Währung:

Der mazedonische Denar wurde in Absprache mit der Zentralbank und dem IWF an den Euro gekoppelt und ist dementsprechend stabil (s. Abbildung 13). Wechselkursrisiken sind dadurch kalkulierbar.[72]

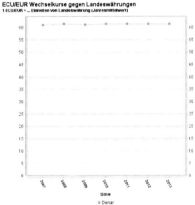

Abbildung 14: Wechselkurs des Denars zum Euro seit 2007

Wirtschaftliche Entwicklung:

Das BIP-Wachstum Mazedoniens weist seit Jahren einen positiven Trend von ca. 4 - 5 % auf. Aufgrund der Wirtschaftskrise sank es 2009 um 0,9 %, konnte jedoch 2010 wieder um 0,7 % zulegen (s. Abbildung 14) und lag damit bei 6.379 Mio. Euro. Für 2011 und 2012 wird ebenfalls ein positives Wachstum prognostiziert.

---

[72] Vgl. Mazedonien.com: Wirtschaft, auf: http://www.mazedonien.com/mazedonien/wirtschaft/ (abgerufen am 25.02.2012)

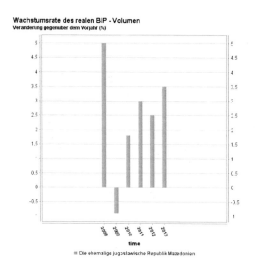

Abbildung 15: Veränderung des BIP in Prozent

Die Entstehung des BIP stellt sich wie folgt dar:

- Land-, Forstwirtschaft 9,5 %

- Industrie 27,1 %

- Dienstleistungen 63,4 %[73]

Damit lag das BIP pro Kopf 2010 bei 3.037 Euro und somit deutlich unter dem EU-Durchschnitt. Die Inflationsrate sank zwischen 2008 und 2010 von 8,3 % auf 1,7 %.

Ein großes wirtschaftliches Problem stellt die hohe Arbeitslosenquote dar, die seit 2008 bei über 30 % steht. Laut Experten liegt sie, aufgrund der stark agierenden Schatten-wirtschaft (ca. 40 % der Wirtschaftsleistung Mazedonien), unter der offiziellen Quote und wird auf 20 - 25 % geschätzt. Auf dem Arbeitsmarkt sind besonders die Landbe-völkerung und die ethnischen Minderheiten benachteiligt. Der Durchschnittslohn lag 2010 bei rund 495 Euro im Monat. Viele Einwohner bekommen jedoch finanzielle Hil-fen von im Ausland arbeitenden Verwandten. Dies entlastet die Sozialkosten des Staa-tes. Das Haushaltsdefizit wies 2010 -2,5 % des BIP auf und hält sich seit Jahren in ei-nem überschaubaren Rahmen. Hierbei muss jedoch beachtet werden, das öffentliche

---

[73] Vgl. o. V.: The World Factbook: Macedonia (20.01.2012), auf https://www.cia.gov/library/publications/the-world-factbook/geos/mk.html (abgerufen am 15.02.2012)

Stellen ihre Zahlungsverpflichtungen sehr lange herauszögern. Die Staatsverschuldung stieg zwischen 2008 und 2010 um 4 % und lag bei 24,4 % des BIP (5,5 Mrd. USD)[74].

Der Außenhandel Mazedoniens stellt sich wie folgt dar:

Tabelle 5: Außenhandel Mazedoniens 2008 - 2010

Außenhandel (in Mio. USD)

	2008	%	2009	%	2010	%
Einfuhr	6.882,0	+31,1	5.072,8	-26,3	5.450,7	+7,4
Ausfuhr	3.990,6	+18,5	2.708,5	-32,1	3.301,8	+21,9
Saldo	-2.892,1		-2.364,3		-2.148,9	

Die gesamte Wirtschaft Mazedoniens ist stark von Importen abhängig. Aufgrund der geringen Größe der Volkswirtschaft sind Eigenproduktionen nicht von Bedeutung. Durch den Transformationsprozess und die damit verbundenen strukturellen Änderungen sind Ölprodukte, Energierohstoffe, Fahrzeuge, Maschinen, Metalle und Elektrizität wichtigste Importgüter. Hauptexportgüter sind Textilien, Nahrungsmittel, Rohstoffe, Metalle, Tabak und Wein. Der negativen Handelsbilanz stehen jährlich hohe Transferzahlungen ausländischer Mazedonier und internationaler Finanzhilfen gegenüber, sodass das Defizit nur 259 Mio. USD ausmachte. Auch für Mazedonien ist die EU mit 61,3 % Hauptabnehmer aller Exporte.

Der Rückgang der Kapitalzuflüsse der ADI von 399,9 Mio. Euro im Jahr 2008 auf 159,1 Mio. Euro in 2010 begründet sich vor allem durch das negative Image, welches sich Mazedonien im Laufe der Jahre „erarbeitet" hat. Unbefriedigende Rechtssicherheit, schwierige wirtschaftspolitische Berechenbarkeit und ein undurchsichtiger Verwaltungsapparat schrecken viele Unternehmen ab, Investitionen zu tätigen. Auch die vom Staat ergriffenen Maßnahmen wie Steueranreize und günstige Niederlassungskosten sowie das attraktive niedrige Lohnniveau des Landes zeigen keine Besserung[75]. Die

---

[74] Vgl. German Trade und Invest: Wirtschaftsdaten kompakt: Mazedonien (November 2011), auf: http://ahk.de/fileadmin/ahk_ahk/GTaI/mazedonien.pdf (abgerufen am 15.02.2012)
[75] Vgl. GTAI: Wirtschaftsentwicklung EJR Mazedonien 2010 (04.07.2011), auf: http://www.gtai.de/GTAI/Navigation/DE/Trade/maerkte,did=77634.html (abgerufen am 15.02.2012)

Bruttoauslandsverschuldung stieg im Zeitraum 2008 bis 2010 von 3.304,2 Mio. Euro auf 4.299,3 Mio. Euro (59,2 % des BIP).

Im Länderranking des Institutional Investor Magazine belegte Mazedonien 2010 den 91. Platz. Dies stellt gegenüber 2009 eine Verschlechterung um acht Plätze dar[76].

6.6 Zusammenfassung des Fortschrittsberichts 9. November 2010[77]

Politische Kriterien:

Mazedonien erfüllt die politischen Kriterien zufriedenstellend. Die neu gewählte Regierungskoalition ist stabil und die politischen Kräfte arbeiten gemeinsam. Das Land weist einige Fortschritte bei der Reformierung der Polizei, des Justizwesens, bei den kulturellen und Minderheitenrechten und beim Parlament auf. Es müssen jedoch Anstrengungen im Hinblick auf die Unabhängigkeit der Justiz, die Reform der öffentlichen Verwaltung, der Meinungsfreiheit in den Medien und vor allem bei der Korruptionsbekämpfung getätigt werden. Im letztgenannten Bereich möchte die EU-Kommission als Ergebnis ihrer Erweiterungsstrategie ein neues Konzept implizieren. Dieses soll aus Zwischenzielen, Aktionsplänen und Zwischenberichten bestehen.

Wirtschaftliche Kriterien:

Mazedonien ist weiterhin auf einem guten Weg bei der Schaffung einer funktionierenden Marktwirtschaft. Es ist jedoch nicht gewährleistet, dass es dem Wettbewerbsdruck und den Marktkräften der EU standhalten kann. Gerade im Bereich des Rechtssystems und bei der Reduzierung struktureller Mängel bedarf es weiterer Reformprogramme. Wirtschaftlich blieb Mazedonien auf einem ähnlichen Niveau, was auf anhaltende Zuflüsse aus privatem Kapital und eine stabile Nachfrage des öffentlichen Sektors zurückzuführen ist. Auch die Finanz- und Währungspolitik arbeitet weiterhin stabilitätsorientiert. Mazedonien hat mit einer hohen Arbeitslosigkeit zu kämpfen, welche die junge und weniger gut ausgebildete Bevölkerung betrifft.

---

[76] Vgl. German Trade und Invest: Wirtschaftsdaten kompakt: Mazedonien (November 2011), auf:
http://ahk.de/fileadmin/ahk_ahk/GTaI/mazedonien.pdf (abgerufen am 15.02.2012)
[77] Vgl. Europäische Kommission: Wichtigste Ergebnisse des Fortschrittsberichts über die EJR Mazedonien (MEMO/10/556, 09.11.2010), auf:
http://europa.eu/rapid/pressReleasesAction.do?reference=MEMO/10/556&format=PDF&aged=1&language=DE&guiLanguage=en (abgerufen am 15.02.2012)

Weiterhin konnten Verbesserungen bei der Beseitigung institutioneller Mängel und dem Abbau von Markteintritts- und -austrittsschranken erzielt werden. Dennoch stellt die mangelnde Rechtsstaatlichkeit ein großes Problem für die Wirtschaft dar. Dadurch bleiben ausländische Direktinvestitionen aus.

EU-Recht:

Mazedonien konnte weitere Fortschritte bei der Angleichung von Rechtsvorschriften sowie Politik- und Verwaltungskapazitäten vorweisen. Hervorzuheben sind hier vor allem der freie Warenverkehr, das Gesellschaftsrecht und die Finanzdienstleistungen.

Bei der Angleichung an das EU-Recht ergaben sich weitere Fortschritte in den Bereichen Recht, Freiheit und Sicherheit.

Zu bemängeln sind fehlende Anstrengungen in den Bereichen des öffentlichen Beschaffungswesens, der Informationsgesellschaft und Medien sowie Sozialpolitik und Beschäftigung.

Verwaltungskapazitäten sollten für die Um- und Durchsetzung von Rechtsvorschriften verstärkt werden.

Die nachfolgende Zeitleiste (Abbildung 14) verdeutlicht die noch zu erfüllenden Aufgaben Mazedoniens auf dem Weg zu einer Mitgliedschaft in der EU zusammenfassend.

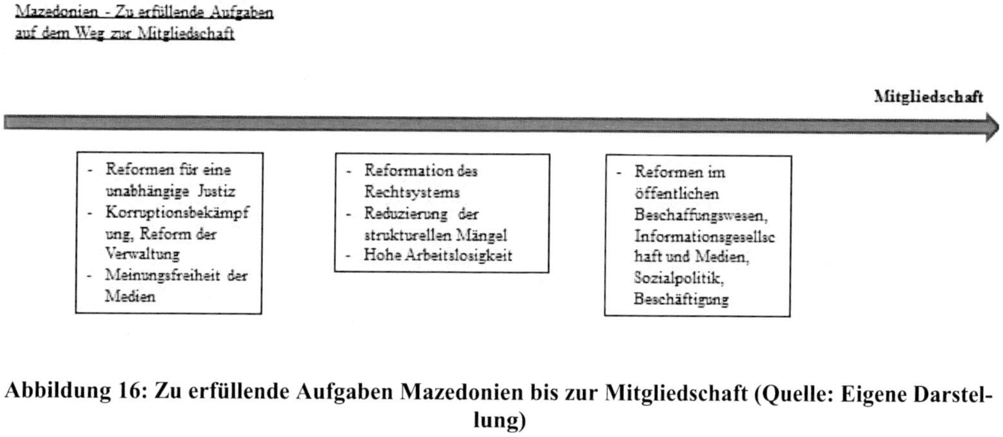

Mazedonien - Zu erfüllende Aufgaben
auf dem Weg zur Mitgliedschaft

Mitgliedschaft

- Reformen für eine unabhängige Justiz
- Korruptionsbekämpfung, Reform der Verwaltung
- Meinungsfreiheit der Medien

- Reformation des Rechtsystems
- Reduzierung der strukturellen Mängel
- Hohe Arbeitslosigkeit

- Reformen im öffentlichen Beschaffungswesen, Informationsgesellschaft und Medien, Sozialpolitik, Beschäftigung

Abbildung 16: Zu erfüllende Aufgaben Mazedonien bis zur Mitgliedschaft (Quelle: Eigene Darstellung)

7. Montenegro

7.1 Bevölkerung Montenegros

Montenegro hat eine überschaubare Anzahl von 625.266 Einwohnern (Stand Volkszählung April 2011). Die Bevölkerung setzt sich aus folgenden Volksgruppen zusammen:

- Montenegriner (45 %)
- Serben (29 %)
- Bosniaken (8,6 %)
- Albaner (5 %)
- Muslime (3,3 %)
- Roma und Sinti (1 %)
- Kroaten (1 %)[78]

Die Landessprache ist Montenegrinisch. 72 % der Bevölkerung sind serbisch-orthodoxer Religion, 3,5 % römisch-katholisch und 16 % muslimisch.

7.2 Staatsaufbau/Innen- und Außenpolitik Montenegros

7.2.1 Staatsaufbau/Innenpolitik

Seit der Unabhängigkeitserklärung vom 21. Mai 2006 strebt Montenegro den Aufbau eines demokratisch bürgerlichen Rechtsstaates an. Ziel ist es, soziale und wirtschaftliche Rechte sowie die Rechte der Minderheiten zu schützen. Diesbezüglich versucht die Regierung, legislative und administrative Strukturen aufzubauen und zu stabilisieren. Am 19. Oktober 2007 wurde hierzu eine neue Verfassung beschlossen. Unter anderem regelt sie den Amtssprachengebrauch, aber auch die Probleme der doppelten Staatsangehörigkeit der Bewohner Montenegros und Serbiens. Am 23. März 2009 fanden die letzten Parlamentswahlen statt. Aktueller Premier ist Igor Luksic. Der amtierende Präsident ist Filip Vujanovic.[79]

---

[78] Vgl. Auswärtiges Amt Montenegro: Montenegro (Januar 2012), auf: http://www.auswaertiges-amt.de/DE/Aussenpolitik/Laender/Laenderinfos/01-Nodes_Uebersichtsseiten/Montenegro_node.html (abgerufen am 10.02.2012)
[79] Vgl. Auswärtiges Amt Montenegro: Innenpolitik (Januar 2012), auf: http://www.auswaertiges-amt.de/DE/Aussenpolitik/Laender/Laenderinfos/Montenegro/Innenpolitik_node.html (abgerufen am 10.02.2012)

7.2.2 Außenpolitik

Auch außenpolitisch steht das unabhängige Montenegro vor neuen Aufgaben. An vorderster und wichtigster Stelle steht ein gutes Verhältnis zu den Nachbarstaaten, der USA, Russland und vor allem der EU.

Nachfolgend sind die wichtigsten Themen der aktuellen Außenpolitik Montenegros aufgeführt:

- Mitgliedschaft in der EU unter Weiterführung des SAP und baldiger Beginn der Beitrittsverhandlungen
- Vollmitgliedschaft in der NATO
- Zusammenarbeit mit den Nachbarstaaten und Fortführung des Aussöhnungsprozesses
- Unterstützung des Auslands zur Stabilisierung der Wirtschaft
- Zusammenarbeit mit den Nachbarstaaten
- weiterführende Privatisierung der Staatsunternehmen
- Ausbau des Tourismus
- Lösung des Flüchtlingsproblems
- Ausbau der Kooperation innerhalb des South East European Cooperation Process (SEECP)[80]

Daran lässt sich erkennen, dass die außenpolitischen Ziele auf eine Mitgliedschaft Montenegros in den europäischen Strukturen ausgelegt sind.

7.2.3 Beziehung Montenegros zur EU

Mit den Verhandlungen zwischen der EU, Serbien und Montenegro zum Stabilisierungs- und Assoziationsabkommen im Oktober 2005 begann der formale Beitrittsprozess Montenegros. Am 15. Oktober 2007 kam es zur Unterzeichnung des Abkommens. Mit diesem ersten Schritt der Annäherung bewarb sich Montenegro am 15. Dezember 2008 um eine offizielle EU-Mitgliedschaft. Nach prüfender Stellungnahme der EU-

---

[80] Vgl. Auswärtiges Amt Montenegro: Außenpolitik (Januar 2012), auf: http://www.auswaertiges-amt.de/DE/Aussenpolitik/Laender/Laenderinfos/Montenegro/Aussenpolitik_node.html (abgerufen am 10.02.2012)

Kommission über das Beitrittsgesuch wird am 17. Dezember 2010 der offizielle Kandidatenstatus bestätigt.

Zeitleiste der Entwicklungen zwischen Montenegro und EU:

- 21.06.2003 – Der Europäische Rat von Thessaloniki bestätigt die Beitrittsperspektiven der Länder des westlichen Balkans.
- 22.01.2007 – Der Rat verabschiedet die Beitrittspartnerschaft mit Montenegro – diese bildet den Rahmen für den Vorbeitrittsprozess jedes Kandidatenlandes.
- 18.09.2007 – Unterzeichnung des Visaerleichterungs- und Rückübernahmeabkommens (Inkrafttreten am: 01.01.2008).
- 15.10.2007 – Unterzeichnung des Stabilisierungs- und Assoziierungsabkommens, in dem auch Bestimmungen zu einer zukünftigen EU-Mitgliedschaft geregelt sind (Inkrafttreten am: 01.05.2010).
- 15.12.2008 – Montenegro beantragt den EU-Beitritt.
- 30.11.2009 – Der Rat hebt die Visapflicht für Montenegriner auf, welche in den Schengenraum reisen möchten (Inkrafttreten am: 19. Dezember 2009).
- 17.12.2010 – Der Europäische Rat bestätigt Montenegro als Beitrittskandidaten.
- 12.10.2011 – Die Kommission empfiehlt die Eröffnung von Verhandlungen mit Montenegro.[81]

7.3 Wirtschaft und wirtschaftliche Lage Montenegros 2008 - 2010

Seit dem Zusammenfall des jugoslawischen Bundesstaates befindet sich auch Montenegros Wirtschaft in einer Umschwungphase von einer sozialistischen Marktwirtschaft hin zu einer sozialen Marktwirtschaft. Zahlreiche Betriebe wurden aus staatlicher Hand gegeben und privatisiert. Die wichtigsten Standbeine der Wirtschaft sind der Tourismus und die Landwirtschaft. Der wertvollste Wirtschaftssektor sind die Dienstleistungen mit einem Anteil von über 51 % am BIP. Sie beschäftigen 58 % der erwerbstätigen Bevöl-

---

[81] Vgl. Europäische Kommission: Beziehung EU – Montenegro (2010), auf: http://ec.europa.eu/enlargement/potential-candidates/montenegro/relation/index_de.htm (abgerufen am 10.02.2012)

kerung. Der Industriesektor trägt mit 33 % und die Landwirtschaft zu 16 % zum BIP bei.

Grundsätzlich leidet Montenegro unter einer strukturellen Schwäche. Die Exporte sind nur ungenügend diversifiziert, die Energieversorgung ist unzureichend und man ist im Bereich der Grundnahrungsmittel von Serbien abhängig. Die Transformation der damaligen sozialistischen Industrie und fehlende Privatinvestoren führten zur Schließung vieler Betriebe im Bergbau, in der Holzverarbeitung, im Schiffsbausektor und in der Metallindustrie. Montenegro setzt bei seiner zukünftigen wirtschaftlichen Entwicklung auf den Tourismus und den Energiesektor. Durch die geographische Lage des Landes wird die Energiegewinnung durch Wasserkraftwerke und Windräder vorangetrieben[82]. Die Finanzkrise wirkte sich 2009 deutlich auf das Wachstum des Landes aus, konnte 2010 aber überwunden werden.[83]

Währung:

Obwohl Montenegro weder in der EU noch in der WWU Mitglied ist, führte das Land nach seiner Unabhängigkeit den Euro ein. Dies geschah jedoch ohne Zustimmung der EU-Kommission.

Wirtschaftliche Entwicklung:

Im Jahr 2010 erreichte Montenegro ein Bruttoinlandsprodukt von 3,03 Mrd. Euro, was einem Wachstum von 0,5 % gegenüber 2009 entspricht. Mit 625.266 Einwohnern ergibt sich somit ein BIP pro Kopf von 5.050 Euro. Die Finanzkrise und der damit verbundene Wachstumseinbruch 2009 scheinen überwunden. Die Regierung unterstützte die staatlichen Unternehmen frühzeitig mit rund 350 Millionen Euro[84]. Die Wachstumsprognosen für 2011 sind ebenfalls positiv.

---

[82] Vgl. Lichter, Waldemar: Montenegro baut Energiesektor aus (25.09.2009), auf:
http://www.gtai.de/GTAI/Navigation/DE/Trade/maerkte,did=60728.html (abgerufen am 19.02.2012)
[83] Vgl. Country Report für Investoren und Exporteure: Montenegro (2011),Seite 4, auf:
http://www.ksv.at/KSV/1870/de/pdf/924LeitfadenMontenegro.pdf (abgerufen am 20.02.2012)
[84] Vgl. Tagesschau.de: Nah am Euro, nah an der Krise (Engelhard, K. 27.11.2011), auf
http://www.tagesschau.de/ausland/montenegro120.html (abgerufen am 22.02.2012)

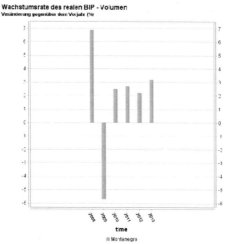

Abbildung 17: BIP Veränderung in % (Quelle: EuroStat)

Die Entstehung des BIP stellt sich wie folgt dar:

- 0,8 % Landwirtschaft
- 11,3 % Industrie
- 87,9 % Dienstleistungen[85]

Die Inflationsrate konnte weiter gesenkt werden und wird für 2011 mit 0,7 % prognostiziert, 2008 wies sie noch 8,6 % auf. Die Arbeitslosenquote hält sich konstant bei über 10 %. Grund sind ineffektiv wirtschaftende Unternehmen, die geschlossen werden, und fehlende Investoren. Der Durchschnittslohn ist seit 2008 weiter gestiegen und liegt bei etwa 715 Euro. Aufgrund der finanziellen Hilfen des Staates im Jahr 2009 fiel das Haushaltssaldo negativ aus (4,5 % des BIP). Gleiches bestätigte sich 2010 und 2011. Die Staatsverschuldung stieg seit 2008 (29,0 % des BIP) an und lag 2010 bei 43,5 % des BIP. Montenegro ist aufgrund seiner geringen Größe stark von Importen abhängig. Der Export beschränkt sich hauptsächlich auf Aluminium, Stahl und Treibstoff. Allein diese drei Produkte decken 70 % des Exports ab. An den Einfuhren 2010 hatte Serbien einen Anteil von fast 30 %, was die Abhängigkeit Montenegros vom Nachbarstaat verdeutlicht. Die EU ist wichtigster Handelspartner und umfasst 40 % der Importe. Ähnli-

---

[85] Vgl. o. V.: The World Factbook: Montenegro (20.01.2012), auf https://www.cia.gov/library/publications/the-world-factbook/geos/mj.html (abgerufen am 15.02.2012)

che Zahlen sind bei den Exporten zu finden. Montenegro überführt rund 56 % seiner Produkte in die EU.[86]

Tabelle 6: Außenhandel Montenegros 2008 - 2010

Außenhandel (in Mio. Euro)

	2008	%	2009	%	2010	%
Einfuhr	2.530	+22,0	1.654	-34,6	1.655	+0,0
Ausfuhr	416	-8,6	277	-33,4	330	+19,1
Saldo	-2.114		-1.377		-1.325	

Die Rückgänge der Im- und Exporte im Jahr 2009 sind auf die Folgen der Finanzkrise zurückzuführen. 2010 konnten die Exporte von mineralischen Brennstoffen sowie Nahrungsmitteln ausgebaut werden, wohingegen die Importe gleich blieben. Aufgrund der positiven Entwicklung in der Aluminiumbranche wird auch 2011 ein Anstieg des Exports prognostiziert. Da die Binnennachfrage fast unverändert bleibt, wird sich der Import nur leicht erhöhen. Die Zuflüsse durch ADI bleiben seit 2008 fast unverändert bei 550 Mio. Euro pro Jahr. 2010 lag die Bruttoauslandsverschuldung bei 1.354,8 Mio. Euro. Seit 2007 (934,7 Mio. Euro) nimmt sie unverkennbar um ca. 45 % zu.[87]

7.5 Zusammenfassung des Fortschrittsberichts 9. November 2010[88]

Politische Kriterien:

In diesem Bereich kann Montenegro Fortschritte verzeichnen. Administrative und institutionelle Kapazitäten konnten ausgebaut werden.

Sowohl der rechtliche als auch der politische Rahmen im Bereich der Menschenrechte und zum Schutz von Minderheiten verbesserte sich und wurde den europäischen und internationalen Standards angeglichen. Laut der Stellungnahme gibt es aber weiterhin Mängel bei der Umsetzung, da immer noch Probleme bei der Anwendung und Durch-

---

[86] Vgl. Country Report für Investoren und Exporteure: Montenegro (2011), Seite 5, auf:
http://www.ksv.at/KSV/1870/de/pdf/924LeitfadenMontenegro.pdf (abgerufen am 20.02.2012)
[87] Vgl. GTAI: Wirtschaftsdaten kompakt Montenegro (November 2011), auf:
http://www.gtai.de/GTAI/Content/DE/Trade/Fachdaten/PUB/2011/03/pub201103098003_15900.pdf (abgerufen am 22.02.2012)
[88] Vgl. Europäische Kommission: Wichtigste Ergebnisse der Stellungnahme zu Montenegro (Memo/10/552, 09.11.2010), auf:
http://europa.eu/rapid/pressReleasesAction.do?reference=MEMO/10/552&format=PDF&aged=1&language=DE&guiLanguage=en (abgerufen am 25.02.2012)

setzung von Gesetzen bestehen. Hier sollte eine Sensibilisierung von Verwaltung, Polizei und Justiz stattfinden. Ausschlaggebend waren Probleme bei der Diskriminierungsbekämpfung, Achtung der Meinungsfreiheit, Beziehung zwischen Staat und Zivilgesellschaft und die Lage der Vertriebenen aus Kroatien, Bosnien und dem Kosovo. Weiterhin müssen die Bemühungen zur Festigung der Rechtsstaatlichkeit verstärkt werden. Dabei stehen vor allem die Bekämpfung von Korruption und der organisierten Kriminalität im Vordergrund. Positiv fallen Montenegros Tätigkeiten zur Aufrechterhaltung der Stabilität und Förderung guter nachbarstaatlicher Beziehungen, aber auch zu den EU-Mitgliedsstaaten auf.

Wirtschaftliche Kriterien:

Montenegro unternimmt wichtige Schritte, um als funktionierende Marktwirtschaft aufzutreten, muss aber noch Defizite in den Bereichen Binnen-, Außenwirtschaft, Finanzwirtschaft und der Funktionsweise des Arbeitsmarktes beseitigen. Um dem Wettbewerbsdruck innerhalb der EU standzuhalten, müssen weitere Reformen und Maßnahmen zur Überwindung der strukturellen Mängel durchgeführt werden. Einige wichtige Wirtschaftsreformen wurden bereits durchgesetzt und die Grundausrichtung der Wirtschaftspolitik ist eindeutig formuliert. Durch Privatisierung und Aufhebung der Preiskontrollen konnten sich die Marktkräfte frei entwickeln, was sich positiv auf ausländische Investitionen auswirkte. Allgemein zeichnet sich die montenegrinische Volkswirtschaft durch große Offenheit sowie Investitions- und Handelsverflechtungen in der EU und der Balkanregion aus.

An Montenegro ging die Wirtschaftskrise nicht spurlos vorbei und verursachte ein erhebliches Ungleichgewicht der Binnen- und Außenwirtschaft. Die makroökonomische Stabilität ist gefährdet, die Bankenaufsicht zeigte Schwachstellen auf und zahlreiche Banken mussten rekapitalisiert werden. Die Arbeitslosigkeit weist ein hohes Niveau auf, ebenso die informellen Beschäftigungsverhältnisse. Dies deutet auf Mängel in der allgemeinen und beruflichen Bildung sowie mangelnde Umstellungsbereitschaft auf dem Arbeitsmarkt hin. Die Energie- und Verkehrsinfrastrukturen entsprechen nicht den gewünschten Anforderungen.

Europäisches Recht:

Bei der Angleichung an europäische Standards gelangen Montenegro Fortschritte in den Bereichen der Steuern und Zölle. Weitestgehend bedarf es aber immer noch großer Anstrengung in Sachen

- Freizügigkeit der Arbeitnehmer
- des freien Dienstleistungs- und Kapitalverkehrs
- des öffentlichen Auftragswesens
- Wettbewerb
- Finanzdienstleistungen
- Informationsgesellschaften und Medien
- Verkehrspolitik
- Energie
- Wirtschafts- und Währungspolitik

sowie beim Verbraucher- und Gesundheitsschutz, um eine Anpassung an die EU-Vorschriften und deren Umsetzung zu gewährleisten.

Innerstaatlich muss Montenegro weiterhin seine Kapazitäten im Verwaltungs- und Justizsektor ausbauen.

In der nachfolgenden Zeitleiste (s. Abbildung 16) wurden die von Montenegro noch durchzuführenden Maßnahmen zusammengefasst.

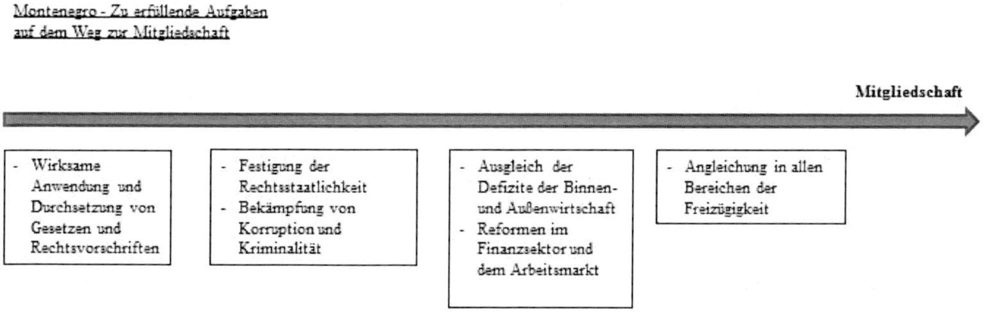

Abbildung 18: Zu erfüllende Aufgaben Montenegros bis zum EU-Beitritt (Quelle: Eigene Darstellung)

8. Chancen und Risiken für die Beitrittsländer

8.1 Chancen

8.1.1 Allgemeine Chancen

1. Abbau von Handelshemmnissen

Ein wichtiger Vorteil als Mitglied der EU ist die gemeinsame Handelspolitik. Die Beseitigung von Beschränkungen im internationalen Handelsverkehr, bei ausländischen Direktinvestitionen, aber auch der Abbau von Zollschranken oder anderen Hemmnissen sind wichtige Ziele dieser Politik[89] und sollen einen Marktzugang erleichtern. Der freie Waren- und Kapitalverkehr im europäischen Binnenmarkt könnte somit auch den Handel der Beitrittskandidaten innerhalb der EU erleichtern sowie die wirtschaftliche Zusammenarbeit verbessern und ausbauen.

2. Personenfreizügigkeit/Arbeitnehmerfreizügigkeit

Die Freizügigkeit von Bürgern der EU ist ein weiterer verankerter Grundsatz. Dies bedeutet, dass Staatsangehörige sämtlicher Mitgliedstaaten die Binnengrenzen ohne weitere Kontrollen frei überschreiten können. Sie dürfen sich im europäischen Binnenmarkt frei bewegen, leben, arbeiten und studieren. Durch die Unterzeichnung des Schengener Abkommens ist dieser Vorteil Island bereits gegönnt. Mit dem Beitritt zur EU würden diese Grundfreiheiten aber auch den anderen Beitrittskandidaten zuteilwerden.[90]

---

[89] Vgl. o. V.: BMWI: Handelspolitik EU/WTO (o. J.), auf:
http://www.bmwi.de/BMWi/Navigation/Aussenwirtschaft/handelspolitik-eu-wto,did=192970.html (abgerufen am 19.03.2012)
[90] Vgl. o. V.: Europäische Kommission: Das leistet die EU (31.10.2010), auf
http://ec.europa.eu/deutschland/understanding/accompl/index_de.htm (abgerufen am 19.03.2012)

3. Kapitalbeschaffung

Ein EU-Beitritt würde den Kandidaten zu anhaltender Beschaffung von Kapital verhelfen. Auch unter den genannten Vorteilen von Punkt 1 könnten vereinfachte Rahmenbedingungen für Kapitaleinfuhren[91] die Investitionstätigkeiten begünstigen und damit neue Arbeitsplätze schaffen. Auch der durch einen EU Beitritt vereinfachte Zugang zu internationalen Finanzmärkten sollte Finanzierungsrisiken reduzieren.

4. Verringerung der Arbeitslosigkeit

Aufgrund der fließenden Kapitalströme und der damit einhergehenden Ankurbelung der Wirtschaft sowie des steigenden Arbeitsplatzangebotes dürfte sich auch der Arbeitsmarkt positiv entwickeln.

5. Ausländische Direktinvestitionen fördern das Wachstum

Die Mitgliedschaft in der Union und die damit verbundene Zuführung neuer Absatzmärkte könnten sich positiv auf die ausländischen Direktinvestitionen auswirken, da das Interesse ausländischer Investoren gesteigert wird[92]. Dementsprechend würde dies zu einer positiven Entwicklung des Wirtschaftswachstums führen.[93]

6. Wirtschaftswachstum

Prinzipiell dürfte ein EU-Beitritt zahlreiche stimulierende Impulse auf das Wirtschaftswachstum haben, insbesondere durch die neuen Kapitalzuflüsse.

---

[91] Vgl. o. V.: Europäische Kommission: Das leistet die EU (31.10.2010), auf
http://ec.europa.eu/deutschland/understanding/accompl/index_de.htm (abgerufen am 19.03.2012)
[92] Vgl. Nunnenkamp, Peter: Die Auswirkungen der EU-Osterweiterung auf die Direktinvestitionen und deren Rückwirkung (11.2002), auf: http://www.cesifo-group.de/portal/pls/portal/docs/1/1195520.PDF (Seite 14, abgerufen am 19.03.2012)
[93] Vgl. o. V.: OECD: Ausländische Direktinvestitionen zugunsten der Entwicklung (2002), auf:
http://www.oecd.org/dataoecd/47/53/1959839.pdf (Seite 7, abgerufen am 20.03.2012)

7. Einführung einer einheitlichen und stabilen Währung

Zurzeit steht die Aufnahme in die Währungsunion außer Frage, da die Beitrittskandidaten die Konvergenzkriterien nicht erfüllen. Sollte dies jedoch irgend-
wann der Fall sein, haben sie eine Währung, die ein Hauptteil der Handelspartner besitzt. Auch dies hätte positive Auswirkungen. Zum einen gestaltet eine
einheitliche Währung den Handel in einem einheitlichen Währungsraum deutlich leichter, da z. B. das Risiko von Wechselkursen entfällt. Zum anderen wird
eine feste und stabile Währung Auslandsinvestoren anziehen und damit die Kapitalbeschaffung erleichtern.

8. Zunahme des Exports

Für die Länder hätte eine Öffnung der Märkte positive Auswirkungen auf den
Export. Mit einer Mitgliedschaft und der damit verbundenen vollständigen Angleichung und Übernahme europäischen Rechts wäre ein weiterer Ausbau des
Außenhandels möglich. Der freie Handel und die einheitlichen Ein- und Aus-
fuhrbestimmungen machen den Warenverkehr attraktiver und einfacher. Zum
Beispiel könnte sich die Bewältigung der Korruption[94] auf eine Verbesserung
der wirtschaftlichen Rahmenbedingungen und der Verwaltungen in den Beitritts-
ländern Mazedonien und Montenegro positiv auswirken. Beide weisen das pro-
zentual höchste Handelsdefizit auf.
Weitere Folgen hätte die unter Punkt 1 genannten Vorteile. Aufgrund von Investitionstätigkeiten und Wissenstransfers könnten die inländischen Unternehmen
ihre Produktivität steigern und die Produktqualität verbessern. Sie wären nun in
der Lage, sich am europäischen Markt besser zu behaupten. Exporte könnten
weiter diversifiziert und ausgebaut werden. Die Wirtschaftsdaten zeigen, dass
seit Jahren ein Importüberhang besteht. Mit den Potentialen neuer Märkte besteht die Chance neuer und effizienter Handelsverflechtungen.

---

[94] Vgl. o. V.: Wirtschaftsentwicklung EJR Mazedonien 2010 (04.07.2011), auf:
http://www.gtai.de/GTAI/Content/DE/Trade/Fachdaten/PUB/2011/07/pub201107048002_16212.pdf (Seite 3, abgerufen am
19.03.2012)

8.1.2 Besondere Chancen für Mazedonien, Montenegro, Kroatien und die Türkei

1. Technologischer Transfer

Durch den sich öffnenden EU-Binnenmarkt und die damit verstärkten Wirtschaftsaktivitäten ausländischer Investoren ergibt sich die Möglichkeit, z. B. neue Produktionsverfahren zu importieren. Dieser internationale Wissenstransfer könnte erheblichen Anteil am Aufholungsprozess haben. Gerade weil in den Ländern eine starke Privatisierung der Unternehmen stattfindet, könnten diese mithilfe des neuen Wissens effizienter arbeiten und wirtschaften.

Mehrere Möglichkeiten würden sich ergeben. Mit der Integration in den europäischen Raum könnten die Unternehmer der obigen Beitrittskandidaten die Technologien erfahrener Firmen durch monetäre Kooperationen übernehmen. Kostenintensiv, jedoch eine weitere Möglichkeit, könnte auch der direkte Kauf von Technologien sein.

Die einfachste Möglichkeit, für das eigene Land Investoren zu akquirieren, besteht darin, dass es durch Marketing im Ausland attraktiv dargestellt wird und anziehende Rahmenbedingungen für Investitionen bietet, denn gleichzeitig mit dem Kapital der Investoren zieht auch deren Know-how mit ins Land. Dies stellt meist die schnellste Möglichkeit eines technologischen Transfers dar.

2. Soziale Veränderungen durch den entstehenden Wettbewerb

Natürlich stellt der zu vollziehende Strukturwandel für die Beitrittskandidaten oftmals ein Problem dar und hat vorerst negative Auswirkungen, gerade durch die Schließung von staatlichen Unternehmen und die damit verbundenen Entlassungen aufgrund ihrer ineffizienten Arbeitsweise. Der bei allen vier Kandidaten stattfindende Privatisierungsprozess könnte jedoch zahlreiche Vorteile einer dadurch entstehenden, effizienten Marktwirtschaft aufzeigen.

Der Übergang von einer sozialistisch geprägten hin zu einer freien Marktwirtschaft könnte einige soziale Veränderung mit sich bringen.[95] In der nun neuen

---

[95] Vgl. o. V.: Sozial- und Beschäftigungspolitik: Eine Aufgabe mit höchster Priorität (o. J.), auf : http://www.europarl.de/view//Europa/Politikfelder_A-Z/Beschaeftigungs-und-Sozialpolitik.html (abgerufen am 20.03.2012)

Wettbewerbssituation müssen die Länder mithalten und eigene Stärken entwickeln. Eine Anpassung an das Wohlstandsniveau Europas würde damit erleich-
tert und beschleunigt werden. Der allgemeine Wohlstand, die Lebens- und Ar-
beitsbedingungen könnten eine Verbesserung erfahren.

3. Verringerung der Armut

Infolge der Globalisierung wächst die Kluft zwischen Arm und Reich immer
weiter. Durch einen Beitritt zur EU erhoffen sich die Kandidaten ein besseres
Leben durch steigende Löhne und Renten.

4. Die Pro-Kopf-Einkommen gleichen sich an

Infolge der Betrachtung der wirtschaftlichen Daten dieser Länder ist ein langsa-
mer, aber stetiger Konvergenzprozess in Bezug auf das BIP pro Kopf festzustellen, wie nachfolgende Tabelle verdeutlicht. Sie zeigt die BIP in Kaufkraftstandards der Kandidaten im Vergleich zur EU von 2000 bis 2010. Der Ausdruck in
Kaufkraftstandards wurde gewählt, um eine einheitliche Währung zu gewährleisten, die Preisniveauunterschiede zwischen den einzelnen Ländern ausgleicht,
was wiederum einen aussagekräftigen BIP-Volumenvergleich zulässt.

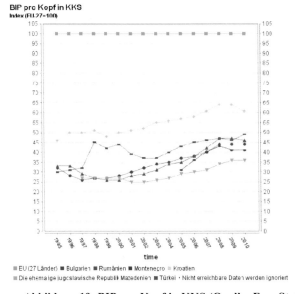

Abbildung 19: BIP pro Kopf in KKS (Quelle: EuroStat)

Positiv sind hierbei die erkennbaren Wachstumstendenzen dieses wichtigen Indikators. Deutlich sind die Impulse zum Beispiel bei Mazedonien und dessen Ernennung zum Beitrittskandidaten 2005, aber auch bei Kroatien und Montenegro.

Um diesen Vorteil zu bekräftigen, wurden die in 2007 beigetretenen Länder Bulgarien und Rumänien in die Tabelle einbezogen. Auch bei ihnen erkennt man deutlich die Steigerung des BIP pro Kopf in KKS.

Ein Beitritt zur EU könnte somit weitere wichtige Impulse geben und einen Aufholprozess, natürlich auch in Abhängigkeit von positivem Wachstum und einer unterstützenden Wirtschaftspolitik, weiter beschleunigen.

Schaffen es die Beitrittskandidaten, diese Tendenzen fortzuführen, begleitet durch eine zunehmende Anpassung der Einkommen an den EU-Durchschnitt, würde dadurch eine weitere Wohlfahrtssteigerung stattfinden.

5. Korruptionsbekämpfung

Korruption ist ein vorherrschendes Problem dieser Staaten und findet in vielen Bereichen Anwendung. Ganze Bevölkerungsschichten haben das gegenseitige Geben und Nehmen akzeptiert. Bei dem Negativ-Ranking „Corruption Perceptions Index 2011" belegen die Beitrittskandidaten, von 182 vergebenen Plätzen, Platz 61 (Türkei), Platz 66 (Kroatien und Montenegro) sowie Platz 69 (Mazedonien)[96]. Statt einer Verbesserung hat gegenüber 2010 eine Verschlechterung im Ranking stattgefunden. Bestechung und Korruption reichen vom Arztbesuch, Kauf von Diplomen und Schulnoten bis hin zu dreistelligen Millionenbeträgen, die in schwarzen Löchern verschwinden[97]. Selbst eine Aufdeckung der Fälle zieht meistens kaum rechtliche Konsequenzen nach sich. Mit einem Unionsbeitritt könnte sich dies ändern. Schon während des Erweiterungsprozesses gibt es Reformen der Justiz, Gesetzes- und strukturelle Änderungen. Die Bürger erkennen, wie teuer Bestechungen sind, und wollen dies nicht weiter akzeptieren. Des Weiteren macht die Bestechung viele Dienstleistungen für sie teu-

---

[96] Vgl. Corruption Perceptions Index: 2011, auf: http://cpi.transparency.org/cpi2011/results/ (abgerufen am 25.03.2012)
[97] Vgl. Welt Online: Auf dem Balkan ist Bestechung Teil des Alltags (Brey, T. 03.08.2010), auf: http://www.welt.de/politik/ausland/article8791606/Auf-dem-Balkan-ist-Bestechung-Teil-des-Alltags.html (abgerufen am 25.03.2012)

rer. Somit wird eine wirtschaftliche Entwicklung gehemmt. Wichtig ist, dass der Korruptionsabbau weiterhin durch die Regierungspolitik durch bekämpfende Maßnahmen angegangen wird. Dies wirkt sich positiv auf die allgemeine Standortqualität der Länder aus[98] und zieht dadurch Investoren an.

6. Weitere finanzielle Unterstützung durch die EU

Schon jetzt bekommen die Beitrittskandidaten finanzielle Unterstützung durch die EU.

Diese beliefen sich in 2011 auf

- Kroatien 156,52 Millionen Euro
- Montenegro 34,15 Millionen Euro
- Mazedonien 98,02 Millionen Euro
- Türkei 779,9 Millionen Euro[99]

Mit dem Beitritt zur EU fällt diese Hilfe jedoch nicht weg. Die Staaten haben Unterstützung durch die von der EU bereitgestellten Strukturfonds. Sie dienen der Förderung von Wachstum und Beschäftigung.

7. Stärkung der ethnischen Minderheiten

Wie bereits im Kapitel 2.4.1 erwähnt, umfasst das politische Kriterium den Schutz von Minderheiten. Somit ergeben sich schon während des Beitrittsprozesses zahlreiche Chancen für die ethnischen Minoritäten, vor allem in den Balkanstaaten. Ihre Rechte werden im Bereich der Meinungs-, Meinungsäußerungs-, Versammlungs- sowie der Vereinigungsfreiheit gestärkt und die politische Vertretung wird angemessen gesichert. Damit wird gewährleistet, dass auch die angestrebten politischen Ziele erreicht werden. Allen voran wäre hier Kroatien als gutes Beispiel zu nennen, wie im Kapitel 4.2 deutlich wird.

---

[98] Vgl. o. V., Korruption (29.01.2010), auf:
http://www.bfs.admin.ch/bfs/portal/de/index/themen/21/02/ind32.indicator.71108.290105.html (abgerufen am 20.03.2012)
[99] Vgl. Europäische Kommission: Financial Assistance (2011), auf: http://ec.europa.eu/enlargement/candidate-countries/index_en.htm (abgerufen am 15.03.2012)

8.2 Risiken für die Beitrittskandidaten

1. Bestimmte Wirtschaftssektoren sollten beobachtet werden

Mit dem strukturellen Wandel und den sich ergebenden wirtschaftlichen Bedingungen sehen sich auch klassische Bereiche der Länder konfrontiert. Gerade die Agrarwirtschaft in den osteuropäischen Regionen sowie die Fischereiwirtschaft in Island befürchten Zusammenbrüche und eine starke Freisetzung von Arbeitskräften.

Der Fischfang ist für Island zwar nicht die größte Wirtschaftskraft, jedoch hat er immer noch großen Anteil am Export. Während der Krise wurde bewusst, welche stabile und verlässliche Einnahmequelle Island besitzt. Mit einem Beitritt zur EU könnte sich dies jedoch ändern. Andere EU-Mitglieder und deren Fangflotten hätten nun Zugang zu Islands Hoheitsgewässern[100]. Die neue Konkurrenz schürt die Angst. Des Weiteren verfügt Island über eine eigene zukunftsorientierte Fangquotenregelung, die immer im Einklang mit der Natur stand. Wie aber im Fortschrittsbericht 2010 nachlesbar ist, hat Island immer noch Beschränkungen im Bereich der Fischerei, welche nicht mit dem EU-Binnenmarkt konform sind. Hierzu gehören u. a. auch die Fangquoten der Gemeinsamen Fischereipolitik (GFP) der EU, die sich durch eine Rechtsanpassung ökologisch negativ entwickeln könnten.

Ähnliche Probleme dürften vor allem in der traditionellen Landwirtschaft der osteuropäischen Länder entstehen. Viele Betriebe sind kleine Familienunternehmen, die an den ausländischen Direktinvestitionen nicht partizipieren. Außerdem stehen sie nun neuen Einfuhrbestimmungen und zahlreichen Billiganbietern der EU gegenüber[101].

Sie sind weder finanziell noch strukturell einem solchen Wettbewerb gewachsen, was auch die Agrarhilfen der EU nicht wettmachen können.

---

[100] Vgl. TAZ.de: Strikte Forderungen (Wolff,R. 20.07.2009), auf: http://www.taz.de/!37764/ (abgerufen am 01.03.2012)
[101] Vgl. von Mahlow, Bruno: Die EU-Osterweiterung: Probleme und Chancen? (12.2003), auf http://www.ag-friedensforschung.de/themen/Europa/mahlow.html (abgerufen am 16.03.2012)

2. Steigende Anpassungskosten durch den strukturellen Wandel[102]

Der Kalte Krieg ist längst vorbei. Trotzdem sind die Auswüchse des Sozialismus in einigen Bereichen der Länder noch deutlich erkennbar. Ihr Wandel zu einer freien Marktwirtschaft ist längst nicht abgeschlossen und könnte noch einige Probleme im Integrationsprozess aufwerfen. Gerade die Transformationen auf dem Arbeits- und Sozialmarkt bedürfen einer gut ausgelegten und nachhaltigen Wirtschaftspolitik. Deren Ziel muss die erfolgreiche Umsetzung von Reformen sein und sie muss die von der EU gebotenen Mittel effektiv nutzen.

3. Abwanderung von „Humankapital" – Braindrain

Mit einer Öffnung der Arbeitsmärkte und der Freizügigkeit der Arbeitnehmer könnten die bisherigen Mitgliedstaaten direkte Konkurrenten werden. Den qualifizierten Fachkräften der Beitrittskandidaten werden höhere Lebensqualitäten und bessere Realisierungsmöglichkeiten angeboten, was zur Abwanderung der Fachkräfte führen könnte[103].

4. Benachteiligung der weniger ausgebildeten Minderheiten

Der durch einen EU-Beitritt entstehende Wettbewerbsdruck wird hohe Anforderung an die Arbeitskräfte stellen. Gerade in den südosteuropäischen Staaten mit ihren zahlreichen Flüchtlingen könnten die Minderheiten enormen Problemen gegenüberstehen. Unter ihnen gibt es hohe Anteile kaum ausgebildeter junger Menschen. Natürlich gibt die EU Richtlinien zum Schutz und zur Gleichberechtigung von Minderheiten vor. Das reale Bild zeigt sich, laut einem Bericht des FUEV Präsidenten Hans Heinrich Hansen, abweichend[104]. Er kritisiert die vernachlässigten Minderheitenrechte der westlichen Staaten, die so den neuen Mitgliedern des Ostblocks kaum Vorbild sein können. Werden also nicht bald ent-

---

[102] Vgl. Nunnenkamp, Peter: Die Auswirkungen der EU-Osterweiterung auf die Direktinvestitionen und deren Rückwirkung (11.2002), auf: http://www.cesifo-group.de/portal/pls/portal/docs/1/1195520.PDF (Seite 13, abgerufen am 19.03.2012)
[103] Vgl. o. V.: Gabler Wirtschaftslexikon: Braindrain (o. J.), auf: http://wirtschaftslexikon.gabler.de/Definition/braindrain.html (abgerufen am 20.03.2012)
[104] Vgl. Rede - FUEV-Präsident Hans Heinrich Hansen anlässlich des 55. FUEV-Kongresses in Ljubljana/Slowenien (13. Mai 2010), auf: http://www.fuen.org/media/76.pdf (abgerufen am 25.03.2012)

scheidende Maßnahmen ergriffen, bleiben die Rechte der Minderheiten in vielerlei Hinsicht auf der Strecke.

Einkommensdisparitäten könnten sich weiter verschärfen, deren Folgen z. B. gesellschaftliche Unruhen wären.

5. Die wirtschaftlich schwachen Beitrittsländer können dem Wettbewerbsdruck nicht standhalten

Ein sich neu eröffnender Markt kann sowohl Chancen als auch Risiken hervorrufen. Für kleine Unternehmen könnte es schwierig werden, sich im internationalen, aber auch regionalen Wettbewerb durchzusetzen sowie dem herrschenden Preisdruck durch andere Anbieter standzuhalten. Die EU kann mit ihren Förderfonds nicht allen Unternehmen helfen, sich in diesem Wettbewerb zu behaupten. Alte ineffiziente Strukturen müssen grundlegend erneuert werden. Dies stellt einen verhältnismäßig großen Finanzierungsaufwand dar. Folge ist, dass Umsätze und Gewinn immer weiter sinken und schlussendlich zur Insolvenz führen.

Die veränderten Regelungen und Bestimmungen am Markt durch einen EU-Beitritt, welche ebenfalls kleinere Unternehmen in ihrer Umsetzung überfordern könnten, kommen hinzu.[105]

6. Keine 100 %ige Arbeitnehmerfreizügigkeit

Am Beispiel von Bulgarien und Rumänien wird deutlich, dass das Recht auf Arbeitnehmerfreizügigkeit infolge eines Beitritts durch die EU beschränkt werden kann. Diese Maßnahme wurde als Übergangsregelung aufgrund der Furcht vor einer immensen Flut osteuropäischer Arbeitskräfte ergriffen und könnte auch hier wieder zum Tragen kommen.[106]

---

[105] Vgl. o. V., GTAI: Kroatiens Nahrungsmittelhersteller geraten unter Wettbewerbsdruck (15.11.2011), auf http://www.gtai.de/GTAI/Navigation/DE/Trade/Recht-Zoll/zoll,did=312932.html (abgerufen am 15.03.2012)
[106] Vgl. IHK südlicher Oberrhein: Beschränkung der Arbeitnehmerfreizügigkeit für Osteuropäer verlängert (Dokument 3276), auf: http://www.suedlicher-oberrhein.ihk.de/recht/Aktuelles_fuer_die_Unternehmerpraxis/848366/Beschraenkung_der_Arbeitnehmerfreizuegigkeit_fuer_Osteuropaeer_v.html (abgerufen am 22.03.2012)

7. Nachteiliger Technologietransfer

Auch dieser Vorteil könnte sich als Nachteil herausstellen. Die Umstellung in moderne Produktionsstrukturen bedarf eines temporär geregelten Lernprozesses, der die Übernahme von Know-how zielgerichtet und nicht nur übereifrig implementiert. Gefahren können durch unausgereifte Prozesse und Technologien, aber auch im Nachhinein durch vielleicht fehlende Betriebsmittel bestehen.

8. Steigende Importe

Wie bereits erwähnt, werden Unternehmen modernisieren müssen, um auf dem neuen Markt zu bestehen. Infolge dieser Transformation wird es letztendlich dazu kommen, dass die nötigen Anlagegüter und Maschinen importiert werden. Dies wird sich am Außenhandel der Entwicklungsländer abzeichnen. Schon jetzt können die Importe nicht durch die Exporte gedeckt werden, was an den Außenhandelsbilanzen der letzten Jahre zu erkennen ist.
Hinzu kommt, dass dieser Prozess nicht kurzfristig sein wird.
Bis Güter und Maschinen importiert wurden, eingerichtet sind und fehlerfrei laufen, bedarf es einer gewissen Zeit. Zeit, in der der internationale Wettbewerb wieder ein paar Schritte voraus sein wird[107].

9. Zusammenfassende Betrachtung der Chancen und Risiken der Beitrittskandidaten

9.1 Island

Auch wenn Island kein offizielles Mitglied ist, so war es schon immer Teil der EU. Die Beteiligung an zahlreichen Abkommen und Mitgliedschaften in der EWR und EFTA seit 1970 spiegeln dies wider. Die gewonnenen Vor- und Nachteile sollten differenziert betrachtet werden. Island ist im Gegensatz zu den vier anderen Beitrittskandidaten kein Entwicklungsland. Nur durch die Auswirkung der Finanzkrise und aufgrund des unver-

---

[107] Vgl. von Mahlow, Bruno: Die EU-Osterweiterung: Probleme und Chancen? (12.2003), auf http://www.ag-friedensforschung.de/themen/Europa/mahlow.html (abgerufen am 16.03.2012)

antwortlichen Handelns des Bankensystems wurde Islands stabile Wirtschaft vor eine harte Probe gestellt. Aufgrund seiner geringen ökonomischen Größe konnte der finanziell entstandene Schaden alleine nicht getragen werden, sodass die Unterstützung der Europäischen Union bzw. des IWF erforderlich war.

Tabelle 7: Vor- und Nachteile Islands (Quelle: Eigene Darstellung)

Vorteile	Nachteile
• Kapitalbeschaffung	• starke Auswirkungen auf die Fischereiwirtschaft, die sehr wahrscheinlich eine Freisetzung von Arbeitskräften nach sich zieht
• sinkende Arbeitslosigkeit durch Investitionen	
• (wieder) steigende ADI	
• schneller Beitritt in die Währungsunion möglich	

Wie anhand der Vorteile deutlich wird, sind diese ausschließlich finanzieller Natur. Sie könnten Island schneller aus der Krise verhelfen und haben demnach eher unterstützenden Charakter. Aufgrund der makroökonomischen Maßnahmen zur Stabilisierung der Wirtschaft nach der Finanzkrise scheint Island bereits vor einem Beitritt wieder sein Vorkrisenniveau zu erreichen. Dies zeigt sich unter anderem dadurch, dass bereits vorzeitig ein Teil des durch den IWF bereitgestellten Kredites getilgt werden konnte[108]. Auch die wirtschaftlichen Daten deuten auf die Überwindung der Krise hin und zeigen eine positive Entwicklung – ein Beweis für die Entschlossenheit der Regierung, aber auch für die wirtschaftliche Stärke dieser kleinen Volkswirtschaft.

Die Nachteile eines Beitritts scheinen vorerst gering. Beschäftigt man sich jedoch genauer damit, wird ersichtlich, welche weitreichenden Auswirkungen ein Verlust in der für Island tragenden Fischwirtschaft haben könnte. Sie ist nicht nur Wirtschaftszweig, sondern auch Symbol dieser Nation. Ein Symbol, das viele Isländer

---

[108] Vgl. Handelsblatt: Island überweist schon mal ein paar hundert Millionen (15.03.2012), auf:
http://www.handelsblatt.com/politik/international/schulden-beim-iwf-island-ueberweist-schon-mal-ein-paar-hundert-millionen/6334492.html (abgerufen am 25.03.2012)

verteidigen möchten, denn die Volksumfragen zum EU-Beitritt sind nicht überzeugend.[109] Bei genauer Betrachtung dieser Fakten kommt man zu dem Schluss, dass ein EU-Beitritt Islands nicht erstrebenswert ist. Island war und ist ein auf hohem Niveau agierender souveräner Staat. Die Fehler der Wirtschaftskrise wurden beseitigt, die Wirtschaftsdaten zeigen positive Entwicklungen und solange die eigene Bevölkerung gegen einen EU-Beitritt ist, wird dieser nicht zustande kommen.

9.2 Die Länder Kroatien, Mazedonien, Montenegro und die Türkei

Tabelle 8: Vor- und Nachteile der südosteuropäischen Staaten

Vorteile	Nachteile
• Stärkung der ethnischen Minderheiten	• steigende Importe
• Zunahme des Exports	• nachteiliger Technologietransfer
• weitere finanzielle Unterstützung	• keine 100 %ige Arbeitnehmerfreizügigkeit
• Korruptionsbekämpfung	• Wettbewerbsdruck zu hoch
• Einkommenssteigerung	• weitere Benachteiligung ethnischer Minderheiten führt zu Konflikten
• Armutsabbau	• Abwanderung von Humankapital
• Wohlstand durch Wettbewerb	• steigende Anpassungskosten
• Technologietransfer	• Zusammenbruch wichtiger Wirtschaftssektoren
• Beitritt zur Währungsunion	• Erwartungen werden nicht erfüllt
• bessere Kreditwürdigkeit	
• Aufhebung der Handelshemmnisse	
• Personenfreizügigkeit	
• Kapitalbeschaffung	
• Abbau von Arbeitslosigkeit	
• Wachstumsimpulse	
• Steigerung der ADI	

Die Wirtschaft der Entwicklungsländer befand bzw. befindet sich in einer Transformation, die vorher sozialstischen Planwirtschaften entwicklen sich zu freien

---

[109] Vgl. WienerZeitung.at: Mehrheit in Island gegen EU-Beitritt (19.07.2011), auf:
http://www.wienerzeitung.at/themen_channel/wz_europa/europastaaten/383716_Mehrheit-in-Island-gegen-EU-Beitritt.html (abgerufen am 25.03.2012)

sozialen Marktwirtschaften. Dieser Prozess bietet den Märkten Vorteile, stellt sie aber auch vor Probleme, die bewältigt werden müssen. Durch den gesamten Beitrittsprozess profitieren die Länder schon jetzt durch finanzielle Unterstützungen und hilfreiche Maßnahmen zur Angleichung und Übernahme von EU-Rechten und -Standards. Ihnen wird das „Handwerkszeug" bereitgestellt, um nach einem Beitritt und in einem neuen wirtschaftlichen Umfeld schneller und effektiver agieren zu können.

Die Vorteile, die durch eine Integration in den europäischen Binnmarkt gegeben sind, liegen klar auf der Hand. Die Impulse infolge des Beitritts könnten sich auf diverse Bereiche der Beitrittskandidaten auswirken und deren Entwicklung beschleunigen. Gesellschaftliche, wirtschaftliche und rechtliche Veränderungen hätten, wie an den ausgearbeiteten Chancen und Risiken erkennbar ist, zahlreiche postive Auswirkungen, die das Wachstumspotential der Beitrittskandidaten stabilisieren und stärken könnten.

Die durch die Ausarbeitung dargestellten Nachteile eines EU-Beitritts zeigen jedoch, vor welche Herausforderungen die Beitrittskandidaten gestellt werden. Schon während des Beitrittsprozesses müssen sich die jeweiligen Regierungen mit diesen Problematiken auseinandersetzen und Lösungen erarbeiten. Werden die von der EU gestellten Mittel nicht effektiv um- und eingesetzt, können die durch einen Beitritt erhofften Vorteile schnell zerschlagen werden. Nichtsdestotrotz zeigt der quantitative Vergleich von Chancen und Risiken, dass eine Migliedschaft in der Europäischen Union für die Balkanstaaten und die Türkei nur von Vorteil sein kann. Durch deren bisherige außenpolitische Verflechtung mit der EU und den laufenden Beitrittsprozess werden sie auf die Mitlgiedschaft, die neuen Pflichten und Rechte, den Wettbewerb sowie den neuen Markt vorbereitet und haben so die Möglichkeit, schon vorher enstehenden Problemen entgegenzuwirken.

10. Fazit

Seit 1952 konnte die Europäische Union die Anzahl ihrer Mitglieder mehr als vervierfachen. Aus den damals sechs Mitgliedstaaten sind heute 27 geworden. Durch die anteilige Aufgabe der nationalen Souveränität konnte ein supranationaler Staat entstehen, dessen Ziele die Schaffung eines gemeinschaftlichen Binnenmarktes sowie die Wahrung von Frieden, Werten und Wohlergehen sind. Die Aufnahme neuer Staaten ist noch nicht beendet. Für die Zukunft werden eine Festigung der inneren Beziehungen und die territoriale Erweiterung unumgänglich sein. Gerade im Hinblick auf den internationalen Wettbewerb ist es wichtig, die einzelnen Nationen in einer Einheit zusammenzufassen, um dem Druck der Globalisierung standzuhalten. Die Integration neuer Mitgliedstaaten erfolgt über einen durch die EU geregelten Prozess, dem sich jedes Bewerberland unterziehen muss. Politische, rechtliche und wirtschaftliche Kriterien müssen erfüllt sein, bevor es zur Unterzeichnung des Beitrittsvertrages kommt. Dies dient zum einen dazu, dass die EU einen Staat integriert, der den Ansprüchen und Zielen der Europäischen Gemeinschaft gerecht wird, und zum anderen, dass der Beitrittskandidat seine nationale Souveränität an eine supranationale Gemeinschaft anpassen kann.

Die ausgewählten Beitrittskandidaten zeigen deutliche Unterschiede in ihren wirtschaftlichen Strukturen.

Island ist ein auf hohem Niveau agierender Staat, der infolge der Finanzkrise einen starken wirtschaftlichen Schlag hinnehmen musste, sich aber aufgrund seiner innerstaatlichen Umstrukturierung wieder deutlich erholt zeigt. Die Wirtschaftsdaten sind positiv zu bewerten und belegen eine Überwindung der Krise. Die staatlich ergriffenen Maßnahmen zur Stabilisierung der Wirtschaft zeigen Wirkung. Seit 1970 pflegt Island eine starke Beziehung zur EU. Im Fortschrittsbericht weist es bei der Erfüllung der Kopenhagener Kriterien nur noch geringe Mängel auf. Klärungsbedarf gibt es im Icesave-Streit, der Fischereiwirtschaft und der Umsetzung weiterer struktureller Änderungen. Ein zeitnaher Beitritt könnte also möglich sein, sofern sich die Bevölkerung dafür ausspricht.

Die Balkanstaaten Mazedonien, Montenegro und Kroatien haben den offiziellen Kandidatenstatus bereits erreicht. Kroatien konnte dieses Jahr seine Beitrittsverhandlungen abschließen und tritt der EU im Juli 2013 bei. Alle drei Länder waren 2009 ebenfalls von der Wirtschaftskrise betroffen, konnten sich aber im Folgejahr bereits wieder erholen. Die Länder zeigen wirtschaftliche und strukturelle Probleme auf. Genannt seien hier z. B. eine hohe Arbeitslosigkeit, ein niedriger Durchschnittlohn sowie einheitlich negative Handelsbilanzen. Durch den Beitrittsprozess und die Ausrichtung der Regierungen auf die EU sind bereits positive Auswirkungen in wirtschaftlichen, sozialen und rechtlichen Bereichen ersichtlich. Die Fortschrittsberichte Montenegros und Mazedoniens zeigen eine Verbesserung bei der Erfüllung der Kopenhagener Kriterien. Es sind jedoch gravierende Reformen nötig, um diese Phase des Beitrittsprozesseses zu beenden. Beispiele sind hierfür die mangelnde Rechtsstaatlichkeit und Korruptionsbekämpfung. Letztere stellt immer noch ein großes wirtschaftliches Problem im gesamten Balkanraum dar. Die Aussicht auf einen Beginn der Beitrittsverhandlungen sollte aufgrund der schnellen Umsetzung und der Bemühungen der Regierungen auf absehbare Zeit erfolgen.

Die Türkei ist eine der größten Volkswirtschaften weltweit und ein stark aufstrebendes Land. Die Wirtschaftsdaten zeigen, dass die Krise mit einem Wirtschaftseinbruch in 2009 überstanden ist. Prognosen wirtschaftlicher Kennzahlen für die Folgejahre sind durchweg positiv. Strukturelle Probleme sind dennoch vorhanden und müssen beseitigt werden.

Beziehungen zwischen der EU und der Türkei bestehen seit Jahrzehnten. Fast genauso lange dauern bereits die Beitrittsverhandlungen. Die Regierung hält strikt an diesem Vorhaben fest, ist aber nicht immer gewillt, alle Auflagen der EU umzusetzen. Im Fortschrittsbericht werden noch Mängel im Bereich der Grundrechte und offene bilaterale Fragen zu den Nachbarstaaten genannt, welche nicht im Einklang mit der EU stehen. Ein Beitritt scheint damit in naher Zukunft nicht zustande zu kommen.

Die abschließende Aufgabe dieser Arbeit stellt die Aufzählung von wirtschaftlichen Chancen und Risiken für die einzelnen Beitrittskandidaten dar. Sie verdeutlicht, welche Möglichkeiten ihnen ein Beitritt zur europäischen Union bieten kann, aber auch welche Nachteile sich dadurch entwickeln können. Die reine Quantität der Vorteile gegenüber den Nachteilen lässt erkennen, dass die Länder Kroatien, Mazedonien, Montenegro und die Türkei von einem Beitritt zur EU profitieren, sei es im wirtschaftlichen, gesellschaftlichen oder rechtlichen Bereich.

Das Chancen-Risiko-Verhältnis scheint sich für Island schwieriger darzustellen, als es auf den ersten Blick ist, und lässt eine Integration in die EU vorerst nicht erstrebenswert erscheinen.

Kroatien wird im Jahr 2013 als Vorreiter und Vorbild für die Balkanstaaten der EU beitreten. Es wird sich zeigen, ob der Beitrittsprozess Kroatien auf die neuen Gegebenheiten vorbereitet und die Regierung die Maßnahmen effektiv umgesetzt hat. Wichtig ist, dass ein Beitritt zur Europäischen Union keinen Wettlauf darstellen soll, sondern schon während des Beitrittsprozesses gut durchdacht werden muss, um die aufgezeigten Vorteile durchgreifend zu nutzen und Nachteile bzw. Risiken auszuschalten.

Literatur- und digitales Quellenverzeichnis

Anwar, A. (25.02.2010). *Für Island hängt alles am Fisch.* Von Der Tagesspiegel: http://www.tagesspiegel.de/politik/international/eu-beitritt-fuer-island-haengt-alles-am-fisch/1690268.html abgerufen

Astrid Schuch, H.-J. B. (09.03.2011). *Island: Vom Prügelknaben zum Wunderkind.* Abgerufen am 16.01.2012 von Wirtschaftsblatt: http://www.wirtschaftsblatt.at/home/boerse/investor/island-vom-pruegelknaben-zum-wunderkind-462499/index.do

Brey, T. (03.08.2010). *Auf dem Balkan ist Bestechnung Teil des Alltags.* Abgerufen am 25. 03 2012 von Welt Online: http://www.welt.de/politik/ausland/article8791606/Auf-dem-Balkan-ist-Bestechung-Teil-des-Alltags.html

Brunn, G. (2004). *Die Europäische Einigung von 1945 bis heute.* Bonn: Weidenfeld, Werner/Wessels, Wolfgang.

Engelhard, K. (27.11.2011). *Nah am Euro, nah an der Krise.* Abgerufen am 20.02.2012 von tagesschau.de: http://www.tagesschau.de/ausland/montenegro120.html

Fuster, T. (24.06.2011). *Aufgestauter Reformbedarf in Kroatien.* Abgerufen am 11.12.2011 von NZZ Online: http://www.nzz.ch/nachrichten/wirtschaft/aktuell/aufgestauter_reformbedarf_in_kroatien_1.11034661.html

Fuster, T. (24.06.2011). *Aufgestauter Reformbedarf in Kroatien.* Abgerufen am 09.02.2012 von NZZ Online: http://www.nzz.ch/nachrichten/wirtschaft/aktuell/aufgestauter_reformbedarf_in_kroatien_1.11034661.html

Hansen, H. H. (13.05.2010). *Rede zum 55. FUEV-Kongress.* Abgerufen am 25.03.2012 von fuen.org: http://www.fuen.org/media/76.pdf

Jost, M. G. (08.10.2009). *Die Türkei hat in der Krise schwer zu kämpfen.* Abgerufen am 10.01.2012 von Welt Online: http://www.welt.de/wirtschaft/article4722376/Die-Tuerkei-hat-in-der-Krise-schwer-zu-kaempfen.html

Kommission, E. (30.01.2012). *Die Voraussetzungen für eine Erweiterung.* Abgerufen am 12.01.2012 von Europäische Kommission: http://ec.europa.eu/enlargement/the-policy/conditions-for-enlargement/index_de.htm

Kreuter-Kirchhof, P. K. (2011/12). *Staats- und Verwaltungsrecht Bundesrepublik Deutschland mit Europarecht, S. 491.* Berlin: 2011.

Lichter, W. (25.09.2009). *Montenegro baut Energiesektor aus.* Abgerufen am 19.02.2012 von GTAI: http://www.gtai.de/GTAI/Navigation/DE/Trade/maerkte,did=60728.html

Mahlow, B. v. (12/2003). *Die EU-Osterweiterung: Probleme und Chancen?* Abgerufen am 16. 03 2012 von AG Friedensforschung: http://www.ag-friedensforschung.de/themen/Europa/mahlow.html

Meyer-Feist, A. (10.06.2011). *Kroatiens mühsamer Weg in die EU.* Von Tageschau.de: http://www.tagesschau.de/ausland/kroatieneu100.html abgerufen

Nunnenkamp, P. (11/2002). *Die Auswirkungen der EU-Osterweiterung auf die Direktinvestitionen und deren Rückwirkungen.* Abgerufen am 19.03.2012 von CES IFO: http://www.cesifo-group.de/portal/pls/portal/docs/1/1195520.PDF

o. V. (20.01.2012). *Montenegro.* Abgerufen am 15.02.2012 von The World Factbook: https://www.cia.gov/library/publications/the-world-factbook/geos/mj.html

o. V. (17.06.2006). *Chronologie der Beitrittsverhandlungen.* Abgerufen am 10.01.2012 von Bundeszentrale für politische Bildung: http://www.bpb.de/internationales/europa/tuerkei-und-eu/52365/chronologie

o. V. (20.11.2008). *IWF hilft mit Milliardenkredit.* Von manager magazin online: http://www.manager-magazin.de/unternehmen/artikel/0,2828,591538,00.html abgerufen

o. V. (21.10.2008). *Strenge Auflagen bei Island-Rettungspaket.* Von der Standard.at: http://derstandard.at/1224256092970 abgerufen

o. V. (10/2009). *Wirtschaft - Bruttosozialprodukt (nach Wirtschaftssektoren).* Abgerufen am 05.01.2012 von Die Welt auf einen Blick: http://www.welt-auf-einen-blick.de/wirtschaft/bsp-sektoren.php

o. V. (30.10.2010). *Beziehungen EU-Montenegro.* Abgerufen am 10.02.2012 von Europäische Kommission: http://ec.europa.eu/enlargement/potential-candidates/montenegro/relation/index_de.htm

o. V. (31.10.2010). *Das leistet die EU.* Abgerufen am 19.03.2012 von Europäische Kommission: http://ec.europa.eu/deutschland/understanding/accompl/index_de.htm

o. V. (16.06.2010). *EU-Montenegro-Beziehungen.* Von EurActiv.com:
http://www.euractiv.com/de/erweiterung/eu-montenegro-beziehungen-
linksdossier-495280 abgerufen

o. V. (09.11.2010). *extract from the Communication from the Commission to the
European Parliament and the Council.* Abgerufen am 16.01.2012 von
Europäische Kommission:
http://ec.europa.eu/enlargement/pdf/key_documents/2011/package/is_conclusio
ns_en.pdf

o. V. (08.11.2010). *http://www.deutsch-tuerkische-
nachrichten.de/2012/01/349896/aufschwung-der-tuerkischen-lira-erdogans-
riskantes-experiment-2/.* Abgerufen am 15. 02 2012 von fuen.de:
http://www.fuen.org/media/121.pdf

o. V. (29.01.2010). *Korruption.* Abgerufen am 20.03.2012 von Bundesamt für Statistik:
http://www.bfs.admin.ch/bfs/portal/de/index/themen/21/02/ind32.indicator.7110
8.290105.html

o. V. (19.11.2010). *Kroatien Strukturschwächen.* Abgerufen am 15.01.2012 von Verlag
Fuchsbriefe:
http://www.fuchsbriefe.de/?gonl=18&gober=einzelart&viewart=29995

o. V. (08.02.2010). *Kroatiens Außenhandel soll 2010 wieder leicht anziehen.* Abgerufen
am 15.02.2012 von Germany Trade & Invest:
http://www.gtai.de/GTAI/Navigation/DE/Trade/maerkte,did=66940.html

o. V. (09.11.2010). *Wichtigste Ergebnisse der Stellungnahme zu Montenegro.*
Abgerufen am 25.02.2012 von europa.eu:
http://europa.eu/rapid/pressReleasesAction.do?reference=MEMO/10/552&form
at=PDF&aged=1&language=DE&guiLanguage=en

o. V. (09.11.2010). *Wichtigste Ergebnisse des Fortschrittsberichts 2010 über die
Türkei.* Abgerufen am 10.01.2012 von europa.eu:
http://europa.eu/rapid/pressReleasesAction.do?reference=MEMO/10/562&form
at=PDF&aged=1&language=DE&guiLanguage=en

o. V. (09.11.2010). *Wichtigste Ergebnisse des Fortschrittsberichts über die ehemalige
jugoslawische Republik Mazedonien.* Abgerufen am 15.02.2012 von europa.eu:
http://europa.eu/rapid/pressReleasesAction.do?reference=MEMO/10/556&form
at=PDF&aged=1&language=DE&guiLanguage=en

o. V. (10/2011). *Außenpolitik.* Abgerufen am 10.01.2012 von Auswärtiges Amt Türkei:
http://www.auswaertiges-

amt.de/sid_242E6AE5F5D595A320AD3F8591700C09/DE/Aussenpolitik/Laen
der/Laenderinfos/Tuerkei/Aussenpolitik_node.html

o. V. (03/2011). *Außenpolitik.* Abgerufen am 12.01.2012 von Auswärtiges Amt
Mazedonien: http://www.auswaertiges-
amt.de/DE/Aussenpolitik/Laender/Laenderinfos/Mazedonien/Aussenpolitik_nod
e.html

o. V. (2011). *Beitrittskandidat Island.* Abgerufen am 17.01.2012 von wko.at:
http://portal.wko.at/wk/dok_detail_file.wk?angid=1&docid=1291254&stid=540
364&dstid=558

o. V. (04.11.2011). *Beziehungen zwischen der EU und der ehemaligen jugoslawischen
Republik Mazedonien.* Abgerufen am 10.01.2012 von Eurpäische Kommission:
http://ec.europa.eu/enlargement/candidate-
countries/the_former_yugoslav_republic_of_macedonia/relation/index_de.htm

o. V. (12.05.2011). *Beziehungen zwischen der EU und Kroatien.* Von EurActiv.com:
http://www.euractiv.com/de/erweiterung/beziehungen-zwischen-der-eu-und-
kroatien-de-linksdossier-189065 abgerufen

o. V. (2011). *Corruption Perceptions Index 2011.* Abgerufen am 25.03.2012 von
http://cpi.transparency.org: http://cpi.transparency.org/cpi2011/results/

o. V. (05/2011). *Country Report für Investoren und Exporteure Montenegro.* Abgerufen
am 20.02.2012 von ksv.at:
http://www.ksv.at/KSV/1870/de/pdf/924LeitfadenMontenegro.pdf

o. V. (03/2011). *EJR Mazedonien.* Abgerufen am 10.01.2012 von Auswärtiges Amt:
http://www.auswaertiges-amt.de/DE/Aussenpolitik/Laender/Laenderinfos/01-
Nodes_Uebersichtsseiten/Mazedonien_node.html

o. V. (18.05.2011). *Erwachen der kroatischen Wirtschaft aus dem Winterschlaf ab
Sommer.* Abgerufen am 15. 02 2012 von Raiffeisen Bank International:
http://www.rbinternational.com/eBusiness/rzb_template2/677012584775275435
-677012584775275436_677257721308776330_702721704127697801-
735193576417026258-NA-9-DE.html

o. V. (03/2011). *Innenpolitik.* Abgerufen am 05.01.2012 von Auswärtiges Amt
Mazedonien: http://www.auswaertiges-
amt.de/sid_9765751A6EC5819C7A59AD4584F58678/DE/Aussenpolitik/Laend
er/Laenderinfos/Mazedonien/Innenpolitik_node.html

o. V. (12.12.2011). *Island - Beziehungen EU - Island.* Abgerufen am 16.01.2012 von
Europäische Kommission: http://ec.europa.eu/enlargement/candidate-
countries/iceland/relation/index_de.htm

o. V. (09.12.2011). *Kroatien tritt 2013 der EU bei*. Abgerufen am 20.01.2012 von Handelsblatt: http://www.handelsblatt.com/politik/international/vertragsunterzeichnung-kroatien-tritt-2013-der-eu-bei/5940900.html

o. V. (15.11.2011). *Kroatiens Nahrungsmittelhersteller geraten unter Wettbewerbsdruck*. Abgerufen am 15.03.2012 von GTAI: http://www.gtai.de/GTAI/Navigation/DE/Trade/Recht-Zoll/zoll,did=312932.html

o. V. (19.07.2011). *Mehrheit in Island gegen EU-Beitritt*. Abgerufen am 25.03.2012 von Wiener Zeitung.at: http://www.wienerzeitung.at/themen_channel/wz_europa/europastaaten/383716_Mehrheit-in-Island-gegen-EU-Beitritt.html

o. V. (10/2011). *Staatsaufbau/Innenpolitik*. Abgerufen am 15.12.2011 von Auswärtiges Amt Türkei: http://www.auswaertiges-amt.de/sid_517FD8FC31C1F3B431F1D57B23EC97D3/DE/Aussenpolitik/Laender/Laenderinfos/Tuerkei/Innenpolitik_node.html

o. V. (10/2011). *Türkei*. Von Auswärtiges Amt Türkei: www.auswaertiges-amt.de/DE/Aussenpolitik/Laender/Laenderinfos/01-Laender/Tuerkei.html, abgerufen am ?

o. V. (10.04.2011). *Was hinter dem Icesave-Streit in Island steckt*. Abgerufen am 10.11.2011 von Tagesschau.de: http://www.tagesschau.de/wirtschaft/icesave102.html

o. V. (05/2011). *Wirtschaftsdaten kompakt Island*. Abgerufen am 16.01.2012 von GTAI: http://www.heilbronn.ihk.de/ximages/1421328_wirtschaft.pdf

o. V. (11/2011). *Wirtschaftsdaten kompakt: Island*. Abgerufen am 15.01.2012 von GTAI: http://ahk.de/fileadmin/ahk_ahk/GTaI/island.pdf

o. V. (11/2011). *Wirtschaftsdaten kompakt: Kroatien*. Abgerufen am 14.01.2012 von Deutsche Außenhandelskammer: http://ahk.de/fileadmin/ahk_ahk/GTaI/kroatien.pdf

o. V. (11/2011). *Wirtschaftsdaten kompakt: Mazedonien*. Abgerufen am 15.02.2012 von Deutsche Außenhandelskammer: http://ahk.de/fileadmin/ahk_ahk/GTaI/mazedonien.pdf

o. V. (03/2011). *Wirtschaftsdaten kompakt: Montenegro*. Abgerufen am 25.02.2012 von GTAI: http://www.gtai.de/GTAI/Content/DE/Trade/Fachdaten/PUB/2011/03/pub201103098003_15900.pdf

o. V. (11/2011). *Wirtschaftsdaten kompakt: Türkei*. Abgerufen am 12. 02 2012 von
   GTAI:
   http://www.gtai.de/GTAI/Content/DE/Trade/Fachdaten/PUB/2011/11/pub20111
   1248002_159220.pdf

o. V. (04.06.2011). *Wirtschaftsentwicklung EJR Mazedonien 2010*. Von Germany Trade
   & Invest:
   http://www.gtai.de/GTAI/Navigation/DE/Trade/maerkte,did=77634.html,
   abgerufen am ?

o. V. (26.01.2012). *Aufschwung der türkischen Lira: Erdoğans riskantes Experiment*.
   Abgerufen am 10.02.2012 von Deutsch Türkische Nachrichten:
   http://www.deutsch-tuerkische-nachrichten.de/2012/01/349896/aufschwung-der-
   tuerkischen-lira-erdogans-riskantes-experiment-2/

o. V. (03/2012). *Außenpolitik*. Abgerufen am 16.01.2012 von Auswärtiges Amt Island:
   http://www.auswaertiges-
   amt.de/DE/Aussenpolitik/Laender/Laenderinfos/Island/Aussenpolitik_node.html

o. V. (01/2012). *Außenpolitik*. Abgerufen am 10.02.2012 von Auswärtiges Amt
   Montenegro: http://www.auswaertiges-
   amt.de/DE/Aussenpolitik/Laender/Laenderinfos/Montenegro/Aussenpolitik_nod
   e.html

o. V. (12.03.2012). *Candidate Countries*. Abgerufen am 15.03.2012 von Europäische
   Kommission: http://ec.europa.eu/enlargement/candidate-countries/index_en.htm

o. V. (20.01.2012). *Croatia*. Abgerufen am 15.02.2012 von The World Factbook:
   https://www.cia.gov/library/publications/the-world-factbook/geos/hr.html

o. V. (30.01.2012). *Das Mandat und die Rahmenbedingungen*. Abgerufen am
   14.01.2012 von Europäische Kommission: http://ec.europa.eu/enlargement/the-
   policy/process-of-enlargement/mandate-and-framework_de.htm

o. V. (30.01.2012). *Der Abschluss der Verhandlungen und der Beitrittsvertrag*.
   Abgerufen am 14.01.2012 von Europäische Kommission:
   http://ec.europa.eu/enlargement/the-policy/process-of-enlargement/closure-and-
   accession_de.htm

o. V. (30.01.2012). *Der Erweiterungsprozess*. Abgerufen am 14.01.2012 von
   Europäische Kommission: http://ec.europa.eu/enlargement/the-policy/process-
   of-enlargement/index_de.htm

o. V. (05.03.2012). *Der Stabilisierungs- und Assozierungsprozess*. Abgerufen am
   14.01.2012 von Europäische Kommission:

http://ec.europa.eu/enlargement/enlargement_process/accession_process/how_d
oes_a_country_join_the_eu/sap/index_de.htm

o. V. (30.01.2012). *Die Politik*. Abgerufen am 12.01.2012 von Europäische
Kommission: http://ec.europa.eu/enlargement/the-policy/index_de.htm

o. V. (30.01.2012). *Die Voraussetzungen für eine Erweiterung*. Von Europäische
Komission: http://ec.europa.eu/enlargement/the-policy/conditions-for-
enlargement/index_de.htm abgerufen

o. V. (01/2012). *Innenpolitik*. Abgerufen am 10.02.2012 von Auswärtiges Amt
Montenegro: http://www.auswaertiges-
amt.de/DE/Aussenpolitik/Laender/Laenderinfos/Montenegro/Innenpolitik_node.
html

o. V. (03/2012). *Island*. Abgerufen am 16.01.2013 von Auswäriges Amt:
http://www.auswaertiges-amt.de/DE/Aussenpolitik/Laender/Laenderinfos/01-
Nodes_Uebersichtsseiten/Island_node.html

o. V. (15.03.2012). *Island überweist schon mal ein paar hundert Millionen*. Abgerufen
am 25.03.2012 von Handelsblatt:
http://www.handelsblatt.com/politik/international/schulden-beim-iwf-island-
ueberweist-schon-mal-ein-paar-hundert-millionen/6334492.html

o. V. (01/2012). *Kroatien*. Abgerufen am 26.11.2011 von Auswärtiges Amt:
http://www.auswaertiges-
amt.de/sid_0E86CA96E5C76B7F214051C2ADDBD424/DE/Service/Sitemap/si
temap_node.html

o. V. (22.01.2012). *Kroatien stimmt EU-Beitritt zu*. Abgerufen am 23.01.2012 von Der
Tagespiegel: http://www.tagesspiegel.de/politik/volksabstimmung-kroatien-
stimmt-eu-beitritt-zu/6097450.html

o. V. (20.01.2012). *Macedonia*. Abgerufen am 15.02.2012 von The World Factbook:
https://www.cia.gov/library/publications/the-world-factbook/geos/mk.html

o. V. (01/2012). *Montenegro*. Abgerufen am 10.02.2012 von Auswärtiges Amt:
http://www.auswaertiges-amt.de/DE/Aussenpolitik/Laender/Laenderinfos/01-
Nodes_Uebersichtsseiten/Montenegro_node.html

o. V. (30.01.2012). *Screening und Monitoring*. Abgerufen am 14.01.2012 von
Europäische Kommission: http://ec.europa.eu/enlargement/the-policy/process-
of-enlargement/screening-and-monitoring_de.htm

o. V. (03/2012). *Staatsaufbau/Innenpolitik.* Abgerufen am 16.01.2012 von Auswärtiges
Amt Island: http://www.auswaertiges-
amt.de/DE/Aussenpolitik/Laender/Laenderinfos/Island/Innenpolitik_node.html

o. V. (20.01.2012). *Turkey.* Abgerufen am 15.02.2012 von The World Factbook:
https://www.cia.gov/library/publications/the-world-factbook/geos/tu.html

o. V. (09.11.2012). *Wichtigste Ergebnisse des Fortschrittsberichtes über Kroatien.*
Abgerufen am 10.12.2011 von europa.au:
http://europa.eu/rapid/pressReleasesAction.do?reference=MEMO/10/558&form
at=PDF&aged=1&language=DE&guiLanguage=en

o. V. (2012). *Wirtschaft.* Abgerufen am 25.02.2012 von Mazedonien.com:
http://www.mazedonien.com/mazedonien/wirtschaft/

o. V. (03/2012). *Wirtschaft.* Abgerufen am 18.01.2012 von Auswärtiges Amt Island:
http://www.auswaertiges-
amt.de/DE/Aussenpolitik/Laender/Laenderinfos/Island/Wirtschaft_node.html

o. V. (03/2012). *Wirtschaftsdatenblatt Island.* Abgerufen am 17.01.2012 von
Auswärtiges Amt: http://www.auswaertiges-
amt.de/cae/servlet/contentblob/613346/publicationFile/166322/WiDa.pdf

o. V. (01/2012). *Wirtschaftspolitik.* Abgerufen am 10.02.2012 von Auswärtiges Amt
Kroatien: http://www.auswaertiges-
amt.de/DE/Aussenpolitik/Laender/Laenderinfos/Kroatien/Wirtschaft_node.html

o. V. (o. J.). *Die kroatische Wirtschaft.* Von Deutsch-Koratische Industrie- und
Handelskammer: http://kroatien.ahk.de/laenderinfo/wirtschaft/ abgerufen

o. V. (o. J). *Vertrag von Amsterdam.* Abgerufen am 10.01.2012 von Die
Bundesregierung:
http://www.bundesregierung.de/Content/DE/Lexikon/EUGlossar/V/2005-11-21-
vertrag-von-amsterdam.html

o. V. (o. J.). *About CEFTA.* Abgerufen am 15.02.2012 von CEFTA: http://cefta.net/

o. V. (o. J.). *Beschränkung der Arbeitnehmerfreizügigkeit für Osteuropäer verlängert.*
Abgerufen am 22.03.2012 von IHK Südlicher Oberrhein:
http://www.suedlicher-
oberrhein.ihk.de/recht/Aktuelles_fuer_die_Unternehmerpraxis/848366/Beschrae
nkung_der_Arbeitnehmerfreizuegigkeit_fuer_Osteuropaeer_v.html

o. V. (o. J.). *Braindrain.* Abgerufen am 20.03.2012 von Wirtschaftslexikon Gabler:
http://wirtschaftslexikon.gabler.de/Definition/braindrain.html

o. V. (o. J.). *Die Geschichte der Europäischen Union.* Abgerufen am 10.01.2012 von europa.eu: http://europa.eu/about-eu/eu-history/1960-1969/1967/index_de.htm

o. V. (o. J.). *Ein Europa ohne Grenzen.* Abgerufen am 10.01.2012 von Europäische Union: http://europa.eu/about-eu/eu-history/1990-1999/index_de.htm

o. V. (o. J.). *EU - Croatia Relations Cronology.* Abgerufen am 12.01.2012 von Republic of Croatia: Ministry of foreign an Eurpean Affairs: http://www.mvep.hr/ei/default.asp?ru=378&sid=&akcija=&jezik=2

o. V. (o. J.). *EU-Erweiterung: Die Beitrittskandidaten und ihre Potenziale.* Abgerufen am 10.01.2012 von Außenwirtschaftsportal Bayern: http://www.auwi-bayern.de/awp/inhalte/Aktuelle-Meldungen/2012/EU-Erweiterung-Die-Beitrittskandidaten-und-ihre-Potenziale.html

o. V. (o. J.). *Geschichte 1981.* Abgerufen am 10.01.2012 von Eurpäische Union: http://europa.eu/about-eu/eu-history/1980-1989/1981/index_de.htm

o. V. (o. J.). *Handelspolitik EU/WTO.* Abgerufen am 19.03.2012 von Bundesministerium für Wirtschaft und Technologie: http://www.bmwi.de/BMWi/Navigation/Aussenwirtschaft/handelspolitik-eu-wto,did=192970.html

o. V. (o. J.). *InfoblattII/6.* Abgerufen am 12.01.2012 von Die Kopenhagener Kriterien: http://www.eab-berlin.de/fileadmin/europakoffer/medien/dokumente/ib-ii-6.pdf

o. V. (o. J.). *Sozial- und Beschäftigungspolitik: Eine Aufgabe mit höchster Priorität.* Abgerufen am 20.03.2012 von Europäisches Parlament Informationsbüro in Deutschland: http://www.europarl.de/view//Europa/Politikfelder_A-Z/Beschaeftigungs-und-Sozialpolitik.html

o. V. (o. J.). *Staatsverschuldung Türkei.* Von indexmundi: http://www.indexmundi.com/g/g.aspx?c=tu&v=94&l=de abgerufen

o. V. (o. J.). *Türkei - Menschen und Kulturen.* Abgerufen am 10.02.2012 von Türkei Information: http://www.tuerkei-information.de/12-Leute.html

o. V. (o. J.). *Weitere Ausdehnung.* Abgerufen am 10.01.2012 von Europäische Union: http://europa.eu/about-eu/eu-history/2000-2009/index_de.htm

Oschlies, W. (31. Dezember 2009). *„Wer Kroatien kennt, lernt Griechenland schätzen".* Abgerufen am 20.02.2012 von Eurasisches Magazin: http://www.eurasischesmagazin.de/artikel/?artikelID=20100107

Rürop, B. L. (September 2009). *Länderanalyse Türkei: Der lange Weg in die Europäische Union.* Abgerufen am 10.02.2012 von Friedrich Ebert Stiftung: http://library.fes.de/pdf-files/id/ipa/06675.pdf

Schlimm, M. (April 2010). *Länderanalayse Mazedonien.* Abgerufen am 10.03.2012 von Bayrische Landesbank: http://www.bayernlb.de/internet/ln/ar/sc/Internet/de/Downloads/0100_Corporate Center/5700_Volkswirtschaft_Research/Laender/LaenderanalysenL-Z/Mazedonien/Mazedonien0410.pdf

Sievers, A.-C. (16.10.2011). *Islands Krisen-Saga.* Von Frankfurter Allgemeine: http://www.faz.net/aktuell/wirtschaft/abseits-der-literatur-islands-krisen-saga-11495210.html abgerufen

Steuer, H. (24.10.2008). *IWF schnürt Hilfspaket für Island.* Abgerufen am 16.01.2012 von Handelsblatt: http://www.handelsblatt.com/politik/international/vor-dem-staatsbankrott-iwf-schnuert-hilfspaket-fuer-island/3041914.html

Wolff, R. (20.07.2009). *Strikte Forderungen.* Abgerufen am 01.03.2012 von taz.de: http://www.taz.de/!37764/